PRAKTISCHE TUINGIDS

Heesters en kleine Bomen

PRAKTISCHE TUINGIDS

Heesters en kleine Bomen

R&B

Inleiding

Heesters en kleine bomen geven een tuin structuur; het zijn de vaste punten waar andere planten als overblijvende planten en een- en tweejarigen omheen kunnen worden gezet. Hoewel de meeste heesters en bomen worden gekweekt om hun bloemen, zijn er ook soorten die bekend staan om hun gekleurde blad of om hun mooie schors of stam. Een minderheid staat bekend om haar spectaculaire bessen in herfst en winter.

Heesters bloeien in heel verschillende seizoenen. Aan toverhazelaars groeit de hele winter door een pracht van spinachtige, gele bloemen, terwijl heesters als de boerenjasmijn, de weigelia en de hortensia 's zomers de borders met hun kleurenpracht opsieren.

Groenblijvende heesters, bomen en coniferen roepen een sfeer van onvergankelijkheid op, waardoor ze zeer waardevol zijn voor de tuin. Planten met ongewoon bont blad kunnen gebruikt worden om de tuin het hele jaar door kleur te geven, terwijl winterharde heesters, met name bonte hulstsoorten en coniferen met gekleurd blad, ideaal zijn als achtergrond voor vorstgevoelige planten.

Verscheidene bladverliezende heesters en bomen hebben het voordeel dat hun blad in de herfst van kleur verandert. Sommige bomen zijn beroemd om hun herfsttooi, maar helaas worden die voor de gemiddelde tuin vaak te groot. Veel heesters zijn daarentegen ideaal van afmeting en krijgen in de herfst een prachtige kleur, zoals hazelaars, sommige kornoeljes, *Fothergilla monticola*, bladverliezende sneeuwballen en *Amelanchier lamarckii.*

Bamboes zijn spannende tuinplanten van uiteenlopend formaat. *Arundinaria japonica* wordt 3,5 m hoog of hoger, *Sasa veitchii*, waarmee u een ongewone haag kunt maken, 1,5 m hoog en *Arundinaria viridistriata* ruim 1 m hoog.

Oorspronkelijke titel: Shrubs and Small Trees

Omslagontwerp: Ton Wienbelt, Den Haag
Vertaling: Ben Zuidema
Redactie: Elke Doelman
Produktie: TextCase, Groningen
Zetwerk: Hof&Land Typografie, Maarssen

ISBN 90 396 0195 X

Inhoud

Tuinieren met heesters

Heesters vormen de ruggegraat van een tuinontwerp, maar het zijn ook vaak schitterende blikvangers. Kies ze daarom met overleg.

Heesters zijn hard werkende tuinplanten die zowel een decoratief als een praktisch doel dienen. Ze horen bij de permanente structuur van de tuin en als ze eenmaal geworteld zijn, vergen ze maar weinig extra onderhoud om toch gezond te blijven en goed te gedijen.

De gemiddelde bodem volstaat voor de meeste heesters die het goed doen in zon of schaduw.

Geregeld begieten is overbodig, tenzij ze net geplant zijn of als het extreem droog is. Sommige moeten licht gesnoeid worden om goed te kunnen bloeien, maar verder hoeft u ze nauwelijks te verzorgen om toch veel decoratieve waarde voor uw geld te krijgen.

Wat is een heester?

Heesters hebben taaie, houten takken die 's winters niet afsterven. Ze hebben geen hoofdstam, maar vertakken zich vlak boven de grond, waardoor de heester zijn zo kenmerkende struikvorm krijgt.

Als u in de winter of de lente een heester gaat kopen, let dan op hun onmiskenbare, welvertakte contouren die zichtbaar worden nu het blad is afgevallen.

Decoratief

Sommige heesters zijn groenblijvend en houden hun blad het hele jaar; andere verliezen hun blad in de winter. Sommige, zoals de forsythia, schieten vroeg in de lente in bloei. Andere verblinden u met hun roodbruine herfsttooi.

Vele krijgen gekleurde, decoratieve vruchten waar ook nog eens vogels op afkomen.

Noel Kavanagh/Garden Picture Library

Heesters geven structuur aan een goed tuinontwerp. Gebruik ze als raamwerk dat u uw eigen invulling geeft – kies kleuren, texturen en zelfs beelden om de vormen van de heesters en hun lichtval aan te vullen.

Heesters geven een goed tuinontwerp structuur. Ze leveren de aankleding en geven het ontwerp vorm; ze maken randen minder scherp en zorgen voor kleur en geur.

Een tuin lijkt al gauw af als de heesters er eenmaal staan. Maar het mooiste is dat ze ons hun fraaie bloemen, blad en herfstvruchten geven in ruil voor minimale verzorging.

Sommige vergen in de vroege lente alleen lichte snoei en het verwijderen van dood en beschadigd hout om te voorkomen dat ze te groot worden; andere verlangen speciale snoei

David Squire

Geef Choisya ternata *(links) een beschutte, zonnige plek en verlies uzelf in de heerlijke geur van de witte bloemen waarmee de glanzende, donkere bladeren in voor- en najaar bedekt worden. De struik is een trage groeier die zich gemakkelijk in toom laat houden, waardoor hij geschikt is voor elke tuin.*

TUINTIPS

WAT IS EEN HEESTER?

Heesters hebben taaie, houtige stammen die 's winters niet afsterven. Het verschil met bomen is dat ze meestal niet zo groot worden en geen hoofdstam hebben. Ze vertakken zich aan de grond, waardoor ze een struikvorm krijgen.

Hoewel ze vaak even groot zijn als heesters, zijn dwergconiferen bomen. Ze hebben één hoofdstam in plaats van meerdere zich vertakkende stammen. Een combinatie van heesters en coniferen ziet er aantrekkelijk uit en kan opvallend kleurrijk zijn (onder), maar om het geheel echt tot leven te wekken, moet u er een paar zorgvuldig gekozen bloemen tussen zetten.

Eric Crichton

om de bloemvorming te bevorderen.

Aangezien heesters zulke geliefde en nuttige tuinplanten zijn, zijn er veel soorten verkrijgbaar. Dat betekent ook dat ze meestal niet duur zijn en u ervan uit kunt gaan dat ze gezond, betrouwbaar en tuinwaardig zijn.

Maar misschien wilt u wel een paar minder populaire heesters. Ze kunnen prijzig zijn en zijn te koop bij gespecialiseerde kwekerijen. Let erop dat ze niet te veel extra aandacht of bijzondere omstandigheden vereisen, waarvoor u niet ogenblikkelijk kunt zorgen.

Heester of boom?

Waar de groeivorm van bomen normaliter wordt bepaald door één hoofdstam met een kroon van takken die aan de bovenkant ontspruiten, moeten heesters een dergelijke stam ontberen. Ze vertakken zich onder een wisselende hoek vlak boven de grond en krijgen zo hun kenmerkende ronde vorm.

Er bestaat echter een zekere mate van overlapping tussen heesters en bomen. Hulst, hazelaar, meidoorn en sommige wilgen worden, afhankelijk van de manier waarop u ze snoeit en verzorgt, òf heesters òf bomen. Berk doet bijvoorbeeld vaak dienst als haag, en ook de leylandcipres wordt als haagstruik gesnoeid.

Het andere verschil tussen heesters en bomen is hun hoogte.

Bomen mogen dan net zo decoratief zijn als heesters, volgroeid beslaan de meeste wel

Tania Midgley

Lichter dan lucht. Het is alsof de hangende takken van Tamarix pentandra *'Pink Cascade' (boven) bedekt zijn met een fijne, roze stof die met elk zuchtje wind kan worden weggeblazen.*

Sommige heesters hebben een lage groeivorm en zijn daarom zeer geschikt als bodembedekker. Stranvaesia davidiana *'Prostrata' (onder) heeft 's zomers witte bloemen en 's winters bessen.*

een hoop ruimte. Omdat het jaren kan duren voor ze hun uiteindelijke hoogte van soms ruim 30 m bereiken, lijkt het in het begin vaak alsof ze niet veel groter zijn dan heesters.

Eenmaal volgroeid zijn ze toch te groot voor uw tuin; ze kunnen het licht wegnemen en onderbeplanting wordt lastig omdat ze al het grondwater opslokken.

Heesters kunnen ook hoog en omvangrijk worden, maar die laten zich goed snoeien en verzorgen: u bepaalt zelf hun formaat. Heesters blijven kleiner dan bomen; ze worden 30 cm tot 6 m hoog.

Heesters in de tuin

U kunt heesters puur als blikvanger gebruiken, waarbij bloemen hun duidelijkste voordeel zijn. Heesters bloeien langdurig: van de lente tot diep in de herfst en sommige zelfs in de winter. Daarmee zijn heesters onontbeerlijk als u het hele jaar door kleur wilt in uw tuin.

Heesters schenken een tuin ondermeer een mooi gekleurde schors of stam, groenblijvend of bont blad, herfstkleuren, gekleurde vruchten of bessen en een heerlijke geur.

Verder gedijen veel heesters in kuipen en op balkons en patio's, zoals pieris, camelia, formosa en lavendel.

Afgezien van hun decoratieve waarde kunnen heesters de ruimte in uw tuin indelen. Ze zorgen voor hoogteverschillen in een border of op een terras en kunnen ook gebruikt worden om delen van de tuin te omheinen.

In een grote tuin kunnen heesters de aandacht vestigen op een uitzicht of vergezicht.

Heesterschermen

Als u heesters in bosjes of rijen plant, vormen ze uitstekende hagen of windschermen. In een kleine tuin zijn ze ideaal om lelijke schuurtjes of werkgebieden aan het oog te onttrekken. Sommige heesters zijn bodembedekkend. Ze kunnen aardwallen opsieren en verstevigen als gras geen goede optie blijkt te zijn.

Veel heesters behouden hun blad het hele jaar door en schenken u blijvende kleuren en vormen.

Groenblijvende heesters zijn het geschiktst voor hagen of schermen, omdat ze voor permanente bedekking en privacy zorgen. Ze verliezen wel wat blad, meestal in de lente, maar niet op zo'n grote schaal als bladverliezende heesters.

Groenblijvende heesters hebben meestal glanzende bladeren en vele bieden u extra kleur met

TUINTIPS

VERPLANTEN

Als een heester te groot wordt, kunt u hem verplanten, mits u een paar regels in acht neemt.

- Verplaats bladverliezende bomen tussen herfst en lente. Grotere struiken kunt u het beste verplaatsen als ze hun blad gaan verliezen.
- Voor groenblijvende planten is de vroege herfst of de late lente het geschiktst. Grondig begieten.

Photos Horticultural

Ook Lithospermum diffusum *syn.* Lithodora diffusa *(rechts) is een bodembedekker. Deze struik ziet eruit als een rotsplant, wat aantoont hoe enorm divers de heesterfamilie is. Sommige lijken op bomen en andere, zoals deze, zijn klein genoeg voor een rotstuin. Hij wordt 15-30 cm hoog en 60 cm breed, en in de zomer krijgt hij massa's levendige, paarsblauwe, stervormige bloemen. Deze soort houdt van licht zure grond.*

David Squire

hun goudkleurige en witte tinten. Groenblijvende heesters zijn vaak decoratief op zich, maar ze worden ook veel gebruikt als achtergrond voor andere tuinplanten.

Bladverliezende heesters

Bladverliezende heesters zien er in de winter kaal uit, maar hun zachte, verse lentescheuten en voorjaarsblad, hun bloemen en hun herfsttooi compenseren dat ruimschoots.

Een aantal heesters, waaronder veel kornoeljes, heeft in de winter een uitzonderlijk mooie, opvallende stam.

Winterhard of niet?

Winterharde heesters hebben 's winters of buiten het groeiseizoen geen extra bescherming nodig. Sommige, zoals *Convolvulus cneorum*, een heesterachige winde die zich niet verspreidt, en *Abelia grandiflora*, zijn meestal winterhard, maar in erg koude gebieden hebben ze soms beschutting nodig.

Vorstgevoelige heesters hebben in de winter wel extra bescherming nodig: de wortels moeten bedekt worden met stro of er moet een tijdelijke barrière van beschermend gaas of isolatiemateriaal worden aangebracht.

Sommige zult u 's winters in huis of in een kas moeten zetten.

Er bestaan ook grensgevallen zoals *Fremontodendron* 'Californian Glory', een muurplant met gele bloemen, die een beschermde of zonnige plek nodig heeft om in erg koude streken te overleven.

Heesterachtigen

Deze term wordt gebruikt voor planten die houtig zijn aan de voet en zachte takken hebben. Het zijn overblijvende planten, waarvan het zachte hout in de winter afsterft. Net als heesters hebben ze een struikvorm, maar ze blijven meestal laag.

Tot deze groep behoren onder andere het zonneroosje *Helianthemum alpestre* en het mooie, kleine rotsplantje *Lithospermum diffusum*.

Coniferen worden meestal ingedeeld bij de bomen, maar vele zijn compact, groeien traag en worden gebruikt als heester. Echte dwergconiferen zijn een verrijking van uw heesterassortiment.

Ze blijven echt klein en groeien echt traag, maar soms vallen ze terug in oude gewoonten en worden ze toch te groot. Als uw dwergconifeer krachtige scheuten begint te krijgen, snoeit u ze terug voordat de struik er te veel produceert.

Formaat

De meeste catalogi van tuincentra en kwekerijen geven de geschatte hoogte van een volgroeide heester of de hoogte die de struik tot tien jaar na het planten bereikt. Voor een kleine tuin moet u de uiteindelijke grootte weten; u wilt tenslotte geen dure en dierbare struik ontwortelen alleen maar omdat er geen ruimte voor hem is: dat zou jammer zijn.

U kunt het formaat en de vorm van de meeste heesters zelf bepalen door zorgvuldig en geregeld te snoeien. Dat is beter

Pat Brindley

Veel kleine struikjes lijken wel rotsplantjes. Helianthemum oelidicum, *zonneroosje, (boven) houdt van een zonnige, goed gedraineerde plek en is ideaal voor een rotsachtig stukje tuin of een droge aardwal. In de vroege zomer krijgt hij openbloeiende, heldergele, vijfbladige bloemen.*

GOEDE IDEEEN

VROEGBLOEIERS

De volgende vroegbloeiende heesters hebben mooie bloemen en doen het goed in bijna alle omstandigheden:

- de Japanse kwee (*Chaenomeles* x *superba*) heeft in het vroege voorjaar kale takken met kopvormige bloemen en in de nazomer eetbare vruchten. Laat hem tegen een zonnige muur groeien. Na de bloei licht snoeien, maar snijd niet alle vruchtdragende takken weg. (1,5 x 1,5 m)
- de schijnhazelaar (*Corylopsis pauciflora*) heeft fraaie, gele, subtiel geurende bloemen die neerhangen van de takken. Bescherm ze tegen de vroege zon. (1-1,5 m x 1 m)
- *Mahonia japonica* is een grote, groenblijvende struik met fraaie, spijkervormige bladeren, die einde winter/begin lente lange linten gele, geurende bloemen heeft (tot 2 x 3 m)
- *Viburnum tinus* is een groenblijvende struik met boeketten witte bloempjes in de lente. (3 x 2 m)

Veel struiken zijn niet alleen decoratief, ze dienen ook een praktisch doel. Fagus Sylvatica *'Purpurea' (rechts), de zwarte treurbeuk, is een uitstekende haag. De berk is een plant op de grens van boom en heester. Als hij als haag geleid wordt, is het een heester, maar als hij vrijuit kan groeien, wordt hij een boom. Bij regelmatig snoeien laat deze haag 's winters zijn dode, bruine blad niet vallen, maar blijft hij dicht bebladerd.*

Photos Horticultural

S & O Matthews

Het mooie van heesters is dat ze vaak winterhard zijn. De berijpte planten (links) zien er toverachtig uit met het zweempje blauw in hun kleuren. Hier zijn Libertia chinensis, Nandinia domestica *en* Euonymus *toegepast.*

Skimmia japonica *(onder) is een veelzijdige heester waaraan de hele lente trosjes stervormige, witte bloemen overvloedig groeien. Zijn dichte, groene blad verspreidt het hele jaar een heerlijk geur, en in de herfst krijgt hij helderrode vruchtjes.*

dan in één keer keihard terugsnoeien als de plant stevig geworteld is.

De meeste heesters kunnen met een gemiddelde grondsoort overweg, maar om krachtig te groeien en te gedijen, moet u ze toch echt op een plek planten die goed is geprepareerd en bovendien een goede afwatering heeft. Het plantgat moet tot 30 cm diep zijn om de wortels van de heester voldoende de ruimte te bieden.

De beste tijd om heesters te planten, is meestal de vroege lente of de late herfst. Doe wat compost en een handje beendermeel in het plantgat. Begiet de struik ruim en houd hem vooral in zijn eerste levensjaar en verder bij droogte beslist goed vochtig.

Sommige heesters houden van bijzondere grond. Vooral azalea's, rododendrons en camelia's hebben het liefst een kalkvrije of zure grond. Zorg voor de juiste omstandigheden door een zuur bed te maken of ze in kuipen met heidecompost te planten.

Neem heesters die in uw streek gedijen, want dat vergt

Harry Smith Collection

TUINTIPS

HEESTERS SNOEIEN

- Veel struiken moeten gesnoeid worden om beter te kunnen bloeien. Bladverliezende struiken die in de lente of vroege zomer bloeien, moeten direct na de bloei gesnoeid worden. Verwijder oud hout met afstervende bloemen om nieuwe groei te bevorderen. De rode ribes (*Ribes sanguineum*), forsythia (*Forsythia spectabilis*) en boerenjasmijn (*Philadelphus*) behoren hiertoe.

  Na het snoeien verschijnt al gauw het nieuwe hout waaraan het volgende jaar de nieuwe bloemknoppen ontluiken. Als de heester later in het seizoen nog vruchten krijgt, snoei hem dan lichtjes na de bloei om later van de vruchten te kunnen genieten.

- Heesters die in de nazomer bloeien, moeten meestal in de lente gesnoeid worden. De bloemen komen aan de door snoei ontstane, nieuwe scheuten. Snoei intensief zodat er in de lente veel nieuw hout voor bloemen komt. Tot deze groep behoren de vlinderstruik (*Buddleja davidii*), *Leycestria formosa* en de tamarisk (*Tamarix pentandra*). Als winterbloeiende heesters in de vroege lente zijn uitgebloeid, hoeft u alleen het dode of zieke hout te verwijderen.

Ook Mahonia japonica *(rechts) heeft mooie bessen, alleen groeien die in de zomer. Twijgjes met mooie gele bloempjes geven uw tuin wat zomerkleur van hartje winter tot het vroege voorjaar. Deze fraaie heesters schenken u het hele jaar vreugde. Deze soort wordt tot 2 m hoog en ca. 3 m breed. Geef hem dus de ruimte.*

Pat Brindley

WELKE HEESTER?

Alle heesters, groenblijvend of bladverliezend, zijn geschikt voor een nieuwe tuin: ze vullen lege plekken op en sorteren meteen effect. Ze vormen de perfecte achtergrond voor planten, en als ze zorgvuldig gekozen zijn, zijn ze het hele jaar door interessant.

NAAM	STERKE PUNTEN	FORMAAT
Abelia grandiflora	geurige zomerbloemen	hoogte en breedte tot 1,5 m
camelia *Camellia japonica*	lentebloemen en groenblijvende bladeren	struikvormig, tot 3 m
Amerikaanse sering *Ceanothus* 'A.T. Johnson'	prachtig blauw, opvallende lentebloemen	1,5-3 m
Boerenjasmijn *Choisya ternata*	trage groeier, verdraagt schaduw, bloemen met sinaasappelgeur in voor- en najaar	tot 3 m, maar verdraagt sterke snoei na lentebloei
peperboompje *Daphne mezereum*	paarsrode bloemen aan kale takken in het vroege voorjaar; bessen in de herfst	tot 1,5 m
Garrya elliptica	snelle groeier, grijsgroene katjes in winter en lente	tot 3 m, maar verdraagt snoei
Griselinia littoralis	heldergroen blad; goede haag in kustgebieden	hoogte en breedte tot 2,5 m, blijft klein bij veel snoeien
mahoniestruik *Mahonia aquifolium*	groenblijvend met geurige, gele lentebloemen en druifachtige vruchten; donkergroen blad dat roodachtig paars wordt in de herfst	1-2 m hoog
Phlomis fruticosa	grijs blad; kransen van gele zomerbloemen	lage heester, tot ruim 1 m
Pieris formosa 'Wakehurst'	jong blad heeft een rode blos; witte bloemen in de late lente	1-1,5 m of hoger
vuurdoorn *Pyracantha rodgersiana*	goed als wal of windscherm; trosjes witte bloemen; oranje bessen in de herfst	opgaand; 2,5 x 2,5 m afhankelijk van de manier van snoeien
rozemarijn *Rosmarinus officinalis*	keukenkruid met aromatisch blad en blauwe bloempjes in het vroege voorjaar	struikvormig, tot 90 cm
sneeuwbalsoorten	vele met goede bloemen —sommige geurig— in het vroege voorjaar en het hele jaar door	tot 3 m, maar verdraagt snoei

S & O Matthews

minder werk en geld. Anders moet u ze misschien voortdurend extra aandacht geven zodat ze kunnen gedijen in een klimaat of een bodem die eigenlijk niet helemaal geschikt is voor ze.

De katjes van Garrya elliptica, *die hier gebukt gaan onder verse sneeuw, hangen in de winter en lente neer. Deze struik houdt van beschutting, want aanhoudende strenge vorst kan hem beschadigen. Doorgaans is hij echter vorstbestendig.*

De groenblijvende Viburnum tinus *(onder) bloeit in de winter. Mooie roze knopjes worden witte bloemen. Sommige variëteiten krijgen bloemen met een roze blos.*

Eric Crichton

Prachtbomen

Een fraaie, solitaire boom kan zowel in een kleine als in een grote tuin de aandacht trekken.

Een fraaie, solitaire boom trekt in elke tuin de aandacht en kan het oog een richtpunt geven. U kunt er één planten om een speciale gebeurtenis luister bij te zetten.

Een boom kan het belangrijkste visuele element in een tuin zijn. Denk maar eens aan een klein tuintje met een rechthoekig gazon omgeven door een schutting. Er is een patio, er zijn bloemperken en misschien staat er zelfs een bankje, maar toch ontbreekt er iets. Stelt u zich nu dezelfde tuin voor met een hoge, elegante boom voor in het gazon waar hij een lichte, gespikkelde schaduw werpt op het gras.

De boom maakt de tuin compleet – hij geeft het oog het hele jaar een richtpunt. U kunt een kapitaal besteden aan een beeld, een prieel of een pergola, terwijl u met een fraaie boom hetzelfde effect bereikt voor veel minder geld.

Levend beeldhouwwerk

Omdat hij zo veel aandacht trekt, moet een solitaire boom er vanuit elke hoek en in elk seizoen welgevormd en mooi uitzien.

Bepaalde soorten zijn hiervoor ideaal, en of ze nu wel of niet een seizoen hebben waarin ze op hun allermooist zijn, al deze bomen zijn door hun fraai geordende takken het hele jaar door aantrekkelijk.

Op bladzijde 13 staat een overzicht met een paar van de fraaiste bomen voor de kleine tuin. Exacte afmetingen worden niet gegeven omdat die afhankelijk zijn van de groeiomstandigheden, maar reuzen zullen het niet worden – zeker niet in de eerste 20 jaar.

Het grote voordeel van potgekweekte bomen is dat ze verplaatst kunnen worden, zodat u de aanblik van uw tuin kunt veranderen. Bovendien kunt u de boom na een verhuizing gemakkelijk opnieuw planten. Elke plant kan in een pot gekweekt worden, maar sommige hebben minder verzorging nodig en gedijen gewoon beter in een pot. Raadpleeg het overzicht voor geschikte soorten.

KWEEKTIPS

BOMEN IN POT

- Neem nooit een pot zonder drainagegat. Zet hem op blokjes hout, tegel of steen, zodat het water ook echt weg kan lopen. Als de pot in een kleine kuip staat, laat die dan niet lang vol water staan.
- Leg altijd kiezelstenen, potscherven en grit op de bodem voordat u de grond in de pot doet, anders raken de drainagegaten snel geblokkeerd.
- Bemest de boom tijdens het groeiseizoen (lente tot nazomer).
- Grondig begieten, maar nooit overdadig. Eén keer in de week doordrenken is meestal voldoende, maar begiet de boom minstens twee keer als het heet is. Controleer of de grond op 3 cm diepte vochtig is, en niet nat of droog.

David Squire

*Deze bloeiende wilde appel (*Malus-*soort) vormt een blikvanger in deze goed onderhouden voortuin (boven). Hij staat ver genoeg van het huis om geen problemen te veroorzaken.*

Brian Carter/Garden Picture Library

DE FRAAISTE BOMEN

BOOM	FORMAAT	OP ZIJN MOOIST IN:	BESCHRIJVING *GOED IN EEN POT
Japanse esdoorn (*Acer palmatum*-variëteiten)	K-M	Herfst	Traag groeiende boom met prachtig gekleurde bladeren die in de herfst meestal geel, oranje of rood worden.*
Treurwilg *Salix caprea* 'Pendula'	K	Vroege lente	Een koepel van hangende, dicht bebladerde takken. Witte donzige katjes in de vroege lente.*
Prieelberk (*Betula pendula* 'Youngii')	M	Lente	Een gordijn van mooie bladeren en een witte stam.
Trompetboom (*Catalpa bignonioides* 'Aurea')	M	Zomer	Ronde kruin met grote, goudkleurige bladeren en, uiteindelijk, witte zomerbloemen.
Kronkelwilg (*Salix matsudana* 'Tortuosa')	M	Hele jaar	De takken van deze elegante boom zijn net zo aantrekkelijk met als zonder bladeren.
Winterkers *Prunus subhirtella* 'Autumnalis'	M	Winter	Mooie hangende takken vol witte bloempjes vanaf eind herfst tot aan de lente.*
Laurier (*Laurus nobilis*)	K-M	Hele jaar	Groenblijvende heester of boom. Laat zich in elke vorm snoeien. Blad wordt gebruikt bij koken. (Heeft beschutting nodig.)*
Ulmus glabra 'Camperdownii'	K	Zomer	Treurvorm, draperieën van grote bladeren.*
Cornus controversa 'Variegata'	M	Zomer	Een prachtige boom met gestapelde takken met witgestippelde bladeren. Witte zomerbloemen. (Houdt van zure grond.)
Picea breweriana	G	Hele jaar	Een erg mooie conifeer met hangende takken.

*De trompetboom (*Catalpa bignonioides *'Aurea') heeft in de herfst lange, hangende, boonachtige peulen. De bladeren zijn op hun mooist in de lente (onder).*

*Japanse esdoorns (rechts) kunt u in een pot kweken. Deze variëteit heet *Acer palmatum dissectum.

Harry Smith

Toelichting bij formaat

K volgroeide boom kleiner dan 4,5 m
M volgroeide boom 4,5-7,5 m
G volgroeide boom groter dan 7,5 m

Bedenk dat bomen in de pot niet zo groot worden als in de vrije grond.

Het is aan u

U moet altijd bedenken dat een potgekweekte boom alleen kan overleven dankzij u. Zijn wortels hebben beperkt de ruimte en de grond is geïsoleerd, zodat hij geen water of voedingsstoffen uit de omringende grond kan putten en ook de drainage minder gemakkelijk verloopt. Regen is niet altijd een effectieve manier van begieten, omdat de bladeren kunnen voorkomen dat het water de grond bereikt. De voorraad mineralen in potcompost is eindig en een

AANBEVOLEN BOMEN

Acer japonicum (Japanse esdoorn) (K)*
Acer negundo (vederesdoorn) (M)*
Aralia elata (engelenboom) (K)*
Buddleja alternifolia (K)*
Cotoneaster 'Hybridus Pendulus' (K)*
Davidia involucrata (vaantjesboom) (M)
Fagus sylvatica 'Purpurea Pendula' (zwarte treurbeuk) (K)
Hamamelis mollis (toverhazelaar) (K)
Ilex aquifolium 'Argentea Pendula' (een treurhulst) (K)
Parrotia persica (M)
Prunus 'Kanzan' (een Japanse kers) (K)
Prunus sargentii (M)
Pyrus salicifolia 'Pendula' (K)
Rhus tricocarpa (een sumakvariëteit) (K)
Sorbus x *kewensis* (een lijsterbesvariëteit) (K)*

boom in de groei heeft haar zo verbruikt; succes hangt dus af van uw verzorging.

Een fraaie boom in een pot is een goede keuze voor een patio en kan het middelpunt zijn van een stel kleinere kuipplanten. Een aantal kruiden –tijm en oregano bijvoorbeeld– rondom een laurierboompje vormen een fantastische blikvanger. Een voordeur ziet er altijd uitnodigender uit als er een potgekweekte boom bij staat.

Winterse aanblik

Boomvormige struiken zoals een hoogstammige roos of fuchsia zijn ideaal als uw voortuin volop zon krijgt.

Als de 'boom' is uitgebloeid, kunt u hem vervangen door een groenblijvende boom om de tuin in de winter een interessantere aanblik te verlenen – veel potgekweekte coniferen zijn hiervoor geschikt, vooral jeneverbesvariëteiten en lawsoncipressen.

Vier een belangrijke gebeurtenis in uw gezin door een solitaire prachtboom te planten. U kunt er een nemen die er rond de feestdag heel bijzonder uitziet. Raadpleeg het overzicht met bomen voor elk seizoen.

Bomen bij gebouwen

Bomen krijgen vaak de schuld van scheuren in gebouwen, en hoewel er genoeg voorbeelden zijn van bomen die op minder dan een meter van een gebouw groeien zonder onheil aan te richten, is het beter om de wortels veel ruimte voor groei te bieden.

Bij veel bomen is het wortelstelsel net zo omvangrijk als de kroon, dus is het beter om de boom niet dichterbij te planten dan de verwachte maximale hoogte. Er zijn een paar erg dorstige soorten die sommige grondsoorten kunnen laten slinken, wat leidt tot schade aan de gebouwen die erop staan. Plant een zilverberk of treurwilg nooit binnen een straal van 15 m van een gebouw, en geef ook grote bomen als kastanje, beuk, plataan, linde, es en eik flink de ruimte.

Poten in een gazon

Het volmaakte decor voor een solitaire boom is een goed onderhouden, egaal gazon, omdat dat een magnifieke achtergrond biedt. Als u een boom in een gazon plant, kunt u het beste een cirkel van 60-100 cm rond de boom minstens twee jaar grasvrij houden. Dan bent u ervan verzekerd dat het gras geen water en voedingsstoffen opneemt die de boom nodig heeft als hij wortelt en voorkomt u dat de grasmaaier de schors schampt. Als later blijkt dat het gras onder de boom niet gedijt, moet u de onderste takken geregeld snoeien om meer licht toe te laten of het gras vervangen door schorssnippers, kiezelstenen of plaveisel. (Gebruik geen gravel, want dat beschadigt de messen van de maaier.)

Bomen snoeien

Om een boom te verfraaien, moet u hem elk jaar zorgvuldig snoeien, vooral als hij nog jong is.

Photos Horticultural

Harry Smith

*Het is moeilijk te zeggen wanneer de lijsterbes (*Sorbus aucuparia*) het mooist is: in het late voorjaar, als hij bedekt is met witte bloemen, of in de herfst, als hij één en al bes is (links). Zelfs in de late winter, als de bladeren zijn gevallen en de vogels de bessen hebben opgegeten, blijft zijn vorm aantrekkelijk.*

Ook Cotoneaster *'Hybridus Pendulus' (rechts) staat bekend om zijn bessen, en zelfs als hij met rijp bedekt is, ziet hij er nog prachtig uit. Hij wordt hooguit 2 m. Meestal wordt hij hoogstammig gekweekt, maar u kunt hem ook in een pot kweken.*

Don Wildridge

Met zijn hangende takken is Salix caprea *'Pendula' syn. 'Kilmarnock' een goede blikvanger op een gazon (links). Zijn grijze katjes worden in het voorjaar geel. Hij wordt 1,5-2 m hoog en is winterhard.*

De meeste bomen kunnen het beste tegen het eind van de winter worden gesnoeid, als ze slapen. Met esdoorns, notebomen, sierkersen en sierpruimen kunt u beter wachten tot de zomer. Snoei coniferen en andere groenblijvende bomen in de lente of de zomer. Gebruik voor takken van minder dan 2 cm een goede, scherpe snoeischaar en maak een gladde wond. Knijp in de handgrepen, want met wrikken beschadigt u de schaar.

EEN BOOM VOOR ELK SEIZOEN

Winter	Hulst (*Ilex*) — rode, gele of oranje bessen; toverhazelaar (*Hamamelis*) — gele, geurende bloemen; katjeswilg (*Salix caprea*) — donzige witte katjes
Lente	Berk (*Betula*) — katjes; Japanse sierkers (*Prunus*-variëteiten) — witte of paarse bloesems; vaantjesboom (*Davidia involucrata*) — uitzonderlijk witte bloemen
Zomer	*Cornus controversa* — witte bloemen; *Buddleja alternifolia* — paarse bloemen; trompetboom (*Catalpa bignonioides*) — witte bloemen
Herfst	Lijsterbes (*Sorbus*) — rode, oranje of witte bessen; esdoorn (*Acer*) — rode, oranje of gele bladeren; winterkers (*Prunus subhirtella* 'Autumnalis') — bleekwitte of roze bloemen

PROJECT
EEN PRACHTBOOM PLANTEN

Kies een welgevormde, potgekweekte boom. Probeer hem met pot en al op verscheidene punten in de tuin uit. Bekijk vanaf verschillende plekken hoe het uitzicht op de boom is, vooral vanaf uw favoriete zitjes.

Hebt u de juiste plek gevonden, zet dan eerst de steunpaal in de grond voor u de boom zelf plant. Gebruik een korte, sterke paal die ongeveer eenderde van de lengte van de boom heeft. Poot de paal minstens 30 cm dieper dan de boom en op maximaal 10 cm afstand ervan.

Plant de boom in een ruim plantgat en voeg tijdens het planten onder en rond de wortels flink wat organisch materiaal (tuincompost, bladaarde of verteerde mest) en een handje beendermeel toe. Plant stevig, waarbij u de grond rond de wortelkluit aanstampt.

Bind de stam met een boomband goed aan de paal vast. Omdat de boom groeit, moet u de band elk jaar iets losser maken. Na 3-4 jaar kunt u de paal weghalen. Begiet de grond rond de boom in de eerste zomer ruim en regelmatig en houd gras en andere planten uit de buurt.

Als uw tuin onbeschut is, zet dan tijdelijk windschermen rond de boom. Gebruik windschermgaas dat geschraagd wordt door stokken en neem geen massieve barrière, want die kan heftige luchtwervelingen veroorzaken, waardoor de omstandigheden alleen maar verslechteren. Als de boom na een paar maanden actief groeit en goed geworteld is, kunt u de lelijke schermen veilig verwijderen.

Harry Smith

Sierkersen

Kersen zijn fraaie, decoratieve planten. Ze hebben niet alleen glanzende vruchten, maar ook geurige bloesems, herfstkleuren en een mooie schors.

Er zijn maar een paar soorten kersebomen (*Prunus*) met eetbare vruchten, maar ze zijn allemaal erg decoratief met hun roze en witte lentebloesems en hun fraaie blad en schors.

Zo heeft de vogelkers (*P. padus*) in de lente trossen witte bloemen met een amandelachtige geur, in de herfst gele bladeren en in de winter een fraaie schors.

Derek Gould

*De hangende witte trossen van de vogelkers (*P. padus*) verspreiden een heerlijke, amandelachtige geur. De boom heeft fraaie herfstkleuren en een aantrekkelijke schors.*

Vormen

Volgroeide kersebomen variëren enorm in vorm en grootte. Vele, zoals de kriek (*P. avium*), worden erg hoog met een ronde kroon en zijn alleen geschikt voor ruim aangelegde tuinen, parken en brede lanen.

Andere hebben een kegelvormige, spits toelopende kroon of zijn vaasvormig: een smalle stam die opeens overgaat in een grote, wijde kroon. *P. hillieri* 'Spire' is als jonge boom kegelvormig en krijgt de vorm van een vaas als hij volgroeid is. Hij heeft roze bloesems en mooi herfstblad.

De smal opgaande *Prunus* 'Amanogawa' is gemaakt voor de kleine tuin. De bloemen zitten aan korte takken dicht tegen de stam aan en vormen zuilen van lentekleur.

Andere, zoals *Prunus* 'Kikushidare Sakura', hebben een treurvorm, die geschikt is voor een border met heesters en bomen in een kleine tuin.

De beste boom voor winter- en lentebloemen is *Prunus subhirtella*. De variëteit 'Autumnalis' heeft vanaf hartje winter tot aan de lente halfgevulde, roze of witte bloemen. Als hoogstammige boom is hij geschikt voor de kleine tuin, net als de treurvorm *P.* 'Pendula Rubra', die een kroon van hangende takken heeft, waar in de lente donkerroze bloemen omheen gedrapeerd zijn.

Lange tijd heeft de kers een bijna heilige status gehad in Japan, waar een aantal siervariëteiten zijn gekweekt die gedurende een relatief korte tijd in de lente een verbluffend spektakel bieden van dicht opeengepakte enkele en dubbele bloemen. Met zijn opgaande vorm

PLANTPROFIEL

Geschikte plek en grond Sierbesssen gedijen goed in zon of schaduw, mits de afwatering goed is. Drassige grond is ongeschikt. Ze groeien beter als er wat kalk in de grond zit, maar dat is geen vereiste. Bescherm tegen kou. Droge wind leidt tot veel knoppen.

Planten Plant potgekweekte sierkersen het hele jaar door, tenzij de grond bevroren of drassig is. Poot exemplaren met kale wortels in het voor- of najaar. Zorg dat de entplek boven de grond blijft, anders kan de boom uitlopers gaan vormen. Steun de boom als de plek ook maar enigszins onbeschut is.

Verzorgen Bladbemesting in de lente met universele mest. Onderdruk onkruid rond de voet van de boom met een dikke mulchlaag van schors of compost. Snoei bladverliezende kershagen na de bloei en groenblijvende in de lente. Snoei bomen in de zomer. Verwijder alleen beschadigde of onhandelbare takken.

Vermeerderen Koop onderstammen bij gespecialiseerde kwekerijen of tuincentra, want veel populaire tuinkersen worden op onderstammen geënt. Bladverliezende soorten kunnen uit zaadjes worden opgekweekt en groenblijvende soorten van halfrijpe stekjes.

Ziekten en plagen Vogels als de goudvink en de spreeuw kunnen de lenteknopjes verwoesten. Blad wordt gegeten door bladluis en rupsen en kan worden aangetast door loodglans. Heksenbezem wordt veroorzaakt door zwamwoekering.

is *P.* 'Amanogawa' geschikt voor kleine tuinen. Aangezien hij ook nog een herfsttooi heeft, doet hij zijn plicht dubbel en dwars.

Voor grote bossen donkerpaarse tot roze bloemen neemt u *P.* 'Kanzan, waarvan de jonge takken een fraaie koperen kleur hebben. Bent u op zoek naar een blok kleur en een mooie vorm, neem dan een treurkers als *P.* x *yedoensis* 'Shidare Yoshino', die roze knoppen heeft

Photos Horticultural

Prunus subhirtella *bloeit uitbundig in de vroege lente. De variëteit 'Autumnalis' (boven) bloeit zelfs al eerder, vooral in zachte winters.*

Gillian Beckett

Prunus *'Kiku-shidare Sakura' wordt uiteindelijk tot 10 m hoog. Zelf als hij nog jong is, heeft de boom al sierlijke, hangende takken, die in de tweede helft van de lente vol trossen roze, dubbele bloemen zitten.*

AANBEVOLEN VARIËTEITEN

Vroege bloemen
P. 'Okame' heeft een ronde kruin met rozerode bloemen en mooi herfstblad. *P. incisa* heeft roze knoppen die ontluiken tot witte bloemen. Hij kan als struik en hoogstammige boom gekweekt worden.

Winterbloemen
P. subhirtella 'Autumnalis heeft halfgevulde, witte bloemen van winter tot voorjaar.

Treurvorm
P. x *yedoensis* 'Shidare Yoshino' is uitbundig in zijn vertoon van rozewitte bloemen en heeft mooi herfstblad. *P.* 'Kiku-shidare Sakura' heeft grote, dubbele, roze bloemen.

Kleur van de schors
P. serrula heeft een glanzende kastanjebruine schors als hij volgroeid is.
P. maackii heeft een gele, schilferende schors

Herfsttooi
P. sargentii heeft roze lentebloemen aan kale takken en later een vlammende herfsttooi.
P. 'Accolade' heeft bleekroze bloesems en oranjerood blad.

Photos Horticultural

S & O Mathews

De opgaande vorm van P. *'Amanogawa' leverde hem in het Engels de naam potloodboom op (boven). Ook al wordt hij 10 m hoog, zijn diameter wordt nooit groter dan 3,5 m, wat hem geschikt maakt voor een relatief kleine tuin.*

P. *'Kanzan'(links) heeft de vorm van een smalle vaas met een uitbundig boeket bloemen. De dubbele bloemen neigen soms naar het paars. In de lente verschijnen ze tussen koperen bladeren die later donkergroen worden.*

waaruit witte bloemen ontluiken met een vleugje parfum. In de herfst worden zijn bladeren geel.

Herfstsfeer

Veel sierkersen hebben het gecombineerde voordeel van lentebloemen en een oogverblindende herfsttooi. *P. sargentii* heeft halverwege de lente roze bloemen aan kale takken en krijgt daarna koperrood jong blad. De herfsttooi bestaat uit vlammende tinten oranje en geel. Hij groeit in de breedte uit en kan een doorsnede bereiken van 15 m. Hij heeft de ruimte nodig om goed uit te komen.

P. x *judii* is een stuk geschikter voor de kleine tuin. Zijn roze lentebloemen worden gevolgd door donkerkarmozijn herfstblad.

P. serrulata spontanea biedt een overvloed van witte of roze len-

Tania Midgley

Vanwege zijn neerhangende vorm is P. yedoensis *het hele jaar interessant. In de winter heeft hij een aantrekkelijk silhouet en in de zomer ziet hij eruit als een grote hoop donkergroene bladeren (links).*

Een andere kers die veel meer te bieden heeft dan mooie bloesems, is P. sargentii *met zijn schitterende herfstkleuren (onder).*

Schors

P. maackii heeft een breed groeiende vorm en kleine witte lentebloempjes. In de herfst krijgen de bladeren een gele tint, maar de boom is op zijn mooist in de winter, wanneer hij een glanzende, geelbruine schors krijgt.

Kersen met een fraaie schors kunnen als solitaire blikvangers worden geplant of in een bosje samen met andere bomen en heesters die een mooie winterstam of fraai gekleurde bloemen hebben.

De vlammende kleuren van de bloemen van de toverhazelaar en het geel van de mahoniestruik combineren uitstekend met de krachtige kleur van de schors.

Met hun bloemen en hun groenblijvende blad vormen de laurierkers (*P. laurocerasus*) en *P. lusitanica* een dichte, aantrekkelijke haag, mits ze elke lente flink teruggesnoeid worden.

Een andere sierkers die u op deze manier kunt behandelen,

Don Wildridge

tebloemen. Zijn blad verandert met het seizoen, van brons in de lente via donkergroen in de zomer naar glanzend brons en oranje in de herfst.

P. serrula krijgt kleine bloemen en vruchten, maar zijn sterkste punten zijn zijn gladde, glanzende, kastanjebruine stam en takken. Het duurt een jaar of tien voor de gebruinde schors op zijn mooist begint te glimmen.

GOEDE IDEEEN

IDEALE ACHTERGROND

Uw sierkers komt het best tot zijn recht tegen een afstekende achtergrond. Groenblijvende hagen van coniferen of hulst zijn de ideale achtergrond voor het wisselende aanbod van bloemen, blad en schors.

GOEDE IDEEEN

ZOMERAANBLIK

Plant vlak bij een lentebloeiende kers een zomerbloeiende clematis of bontbladige klimplant en help ze om de onderste takken te bereiken.

Als de kers 's zomers is uitgebloeid, verfraaien het blad en de bloemen van de klimplant de aanblik van de kers.

S & O Mathews

*De Japanse sierkers (*P. serrulata*) heeft bloesems in overvloed (rechts), maar deze breed uitgroeiende boom heeft nog veel meer te bieden. Hij heeft bijzonder aantrekkelijke bladeren die bronskleurig zijn in de lente, donkergroen in de zomer en koperachtig oranje in de herfst.*

is de bladverliezende kerspruim (*P. cerasifera*). 'Nigra' en 'Pissardia' hebben kleine, roze bloemetjes en fraai, rood lenteblad dat een donkerpaarse wijnkleur krijgt in de herfst.

Als boom krijgt de kerspruim een ronde kruin; als heg moet hij in de zomer gesnoeid worden.

P. serrula *is 's winters op zijn mooist, als de bladeren zijn gevallen en de glanzende, 'gepolijste', kastanjebruine schors te voorschijn komt (onder). Hij heeft kleine, witte bloempjes.*

Photos Horticultural

Gebruik

In meeste tuinen is er slechts plaats voor één kerseboom. Afhankelijk van zijn vorm en formaat kunt u hem als solitaire blikvanger planten of in een border met heesters en overblijvende planten.

In een boslandschap geeft u kersebomen een onderbeplanting van herfsttijloos of herfstbloeiende, winterharde cyclamen.

Denk erom dat kersen een ondiepe wortelkluit hebben, dus plant de onderbeplanting niet te dicht bij de stam.

De meeste goede tuincentra verkopen een breed assortiment sierkersen, maar het kan zijn dat u voor bepaalde variëteiten bij een gespecialiseerde boomkwekerij moet zijn.

Zorg dat u de hoogte en doorsnede van de boom kent

Eric Crichton

Verzorging

Werk voor het planten wat (plant)compost door de grond. Als de tuin veel wind vangt of de plek zelf bijzonder onbeschut is, moet u de boom steunen.

Plant eerst de boompaal in het plantgat en dan pas de boom. De top van de paal moet net tot de onderste takken reiken.

Zorg bij het planten dat de entplek (de opgezwollen knobbel aan de voet van de stam) net boven de grond uitsteekt. Als de boom er eenmaal staat, bindt u de stam op verscheidene plaatsen aan de paal vast.

Houd de grond rondom de voet van de boom onkruidvrij met een dikke laag schorssnippers en geef de boom in de lente bladbemesting. Verwijder in de nazomer alle beschadigde of overhangende stammen.

voor u hem koopt, zodat u weet of hij in uw tuin past. Denk erom dat u niet te dicht bij de boom spit, want kersen gaan vrijelijk uitlopers vormen als de bodem verstoord wordt.

Plant kersen in het voor- of najaar, mits de grond niet drassig of bevroren is. Sierkersen hebben een ondiep wortelsysteem, dus kunt u ze beter niet te diep planten.

NIET VERGETEN

SNOEIEN

Snoei bladverliezende, bloeiende kersen altijd 's zomers; als u 's winters snoeit, verwijdert u kostbaar hout voor de bloei.

*De groenblijvende laurierkers (*P. laurocerasus*) heeft een mooie, struikachtige vorm. U kunt hem als haag laten groeien als u hem elk voorjaar snoeit. De variëteit 'Otto Luyken' (boven) heeft witte lentebloempjes en rode en zwarte vruchtjes. De onderbeplanting bestaat hier uit maagdenpalm (*Vinca major *'Variegata'). De kerspruim (*P. cerasifera*) is ook heel mooi als bloeiende haag (rechts). Omdat hij bladverliezend is, moet u hem 's zomers na de bloei snoeien.*

Eric Crichton

Statige bamboes

Sierlijke bamboes zijn ideale planten voor tuinen van elk formaat; hun ranke stengels en wiegende bladeren doen exotisch aan. Toch zijn ze gemakkelijk te kweken.

In het Verre Oosten wordt bamboe voor van alles gebruikt: van het bouwen van huizen tot het maken van placemats. Ook in ons land worden bamboestokken voor allerlei zaken in de tuin gebruikt. Toch beseffen veel tuiniers niet wat een fraaie en veelzijdige plant bamboe is.

Of u nu een moderne, onderhoudsarme tuin hebt of een traditioneel gazon met borders, bamboe komt altijd van pas. Met zijn sculpturale vorm kan bamboe de rol van blikvanger overnemen van heesters en bomen. De plant kan ook dienen als alternatieve haag om het huis van de straat af te schermen of om delen binnen de tuin van elkaar te scheiden.

Als ze dichtbij elkaar worden geplant, vormen bamboes een goede windbreker en zijn ze bijzonder effectief in het dempen van verkeerslawaai. Daardoor is bamboe ideaal voor de voortuin of als bladplant voor een border met overblijvende planten. Omdat ze winterhard en groenblijvend zijn, helpen ze uw tuin de hele winter lang interessant te houden. Er zijn mensen die bamboe nemen vanwege het prachtige geluid van bladeren die ruisen in de wind.

Insight Picture Library

Harry Smith Collection

Veel mensen gebruiken bamboe alleen maar als steunstokken, terwijl de plant een indrukwekkende, exotische blikvanger is (boven). Niet elke bamboe heeft stokken; Pleioblastus variegatus *syn.* Arundinaria fortunei *of* A. variegata *(rechts) is een bontbladige dwergsoort.*

Grote familie

De bamboefamilie omvat een aantal verschillende geslachten en, letterlijk, honderden soorten. Een van populairste is *Pseudosasa japonica* (syn. *Arundinaria japonica*), een hoge, snelgroeiende soort die ideaal is als scherm. Plant hem alleen als u de ruimte hebt, want hij wordt 4,5 m hoog en dijt snel uit. Net als de

Neil Holmes

Pseudosasa japonica *syn.* Arundinaria japonica *(boven) is een krachtige, groenblijvende plant en zeer geschikt als bamboescherm.*

PLANTPROFIEL

Geschikte plek en grond Alle vochtige tuinaarde. Houdt van zon, maar verdraagt lichte schaduw.
Planten Op 2 m van elkaar, midden of late lente. Doe een klein beetje (kunst)mest in het plantgat.
Verzorgen Laat de wortels niet uitdrogen. Houd ze goed vochtig.
Vermeerderen Door stekken of scheuren in de lente.
Ziekten en plagen Geen.

meeste bamboes houdt hij van zon, maar hij verdraagt ook lichte schaduw.

De brede, groene bladeren blijven het hele jaar aan de plant zitten, en daarom is hij bijzonder geschikt om uw tuin van die van de buren af te scheiden. *P. japonica* is volkomen winterhard.

Als u moet woekeren met ruimte, is een dwergvorm als *Pleioblastus variegatus* een goede keuze. Deze mooie struik met zijn smalle, witgestreepte bladeren wordt maar 75 cm hoog en kan veilig in een kleine border, verhoogd bed of kuip worden geplant. Hij groeit breed uit, maar doet dat erg traag en het duurt jaren voor hij te groot wordt voor zijn plek.

Een andere nuttige bamboe voor de kleine tuin is *Shibataea kumasusa*, een zodevormende soort die niet breder wordt dan 30 cm.

De effen, donkergroene bladeren zijn het hele jaar door interessant en hij wordt niet groter dan 1,5 m. Omdat hij zodevormend is en niet breed uitgroeit, is hij ideaal voor een kuip en is hij een goede groenblijver voor een heesterperk.

Blikvangers

Als u een groot, open gazon hebt en u wilt één enkele bamboe planten als blikvanger, neem dan de paarsstammige *Sinarundinaria nitida* (syn. *A. nitida*).

De smalle groene bladeren blijven het hele jaar zitten, maar het mooiste aan de plant zijn de dunne, donkerpaarse hangende takken. Omdat *S. nitida* uitgroeit tot een zode van 4,5 m hoog, heeft hij veel ruimte nodig. Als u die hebt, is het echt een opvallende, winterharde plant.

Een kleinere, maar even mooie, blikvanger is *Pleioblastus viridistriatus* (syn. *A. viridistria-*

Eric Crichton

Sasa veitchii *syn.* S. albomarginata *is een traag en breed groeiende bamboe die tot 1,5 m hoog wordt. Hij wordt voornamelijk gekweekt om zijn witgerande blad en maakt de meeste indruk als hij in grote bossen wordt aangeplant (rechts).*

AANBEVOLEN VARIETEITEN

Phyllostachys nigra 'Henonis' (middelgroot, groenblijvend, zodevormend)
Pleioblastus variegatus syn. *Arundinaria variegata* (dwerg, groenblijvend, breed groeiend, witgestreepte bladeren)
Pleioblastus viridistratius syn. *Arundinaria viridistratia* (klein, groenblijvend, breed groeiend, geelgestreept blad)
Pseudosasa japonica syn. *Arundinaria japonica* (groot, groenblijvend, zodevormend)
Sasa veitchii (klein, groenblijvend, breed groeiend, witgerande bladeren)
Shibataea kumasasa (klein, groenblijvend, zodevormend)
Thamnocalamus spathaceus syn. *Arundinaria murielae* (middelgroot, groenblijvend, zodevormend)

GOEDE IDEEEN

MET DE STOK

Het is leuk om zelf bamboestokken te 'oogsten'. Snijd in de herfst de buitenste stokken met een scherp mes op 5-10 cm boven de voet van de plant af. Leg ze plat neer op een koele, droge plek —bijvoorbeeld een garage of schuur— en laat ze drogen tot het goede, rechte stokken zijn.

ta), die heldergele bladeren met groene strepen heeft. Deze is een middelgrote, groeit langzaam breed uit, waardoor hij ideaal is voor de gemiddelde tuin.

Als hij als solitair geplant wordt, komen zijn paarse stokken het best tot hun recht. Hij kan echter ook in een border worden opgenomen om die met zijn blad het hele jaar door te verrijken. *P. viridistriatus* wordt 1-1,5 m hoog en is volkomen winterhard.

Het mooie van bamboes kopen, is dat ze door hun dunne stokken en kenmerkende bladeren zo herkenbaar zijn. Dat is trouwens maar goed ook, want de Latijnse namen voor bamboes kunnen erg verwarrend zijn – de meeste soorten hebben meer dan één botanische naam, sommige wel drie.

Bamboes kiezen

Laat u niet uit het veld slaan als de labels onduidelijk zijn. Bijna alle bamboes zijn groenblijvend en winterhard, en dus is het erg belangrijk dat u de hoogte en doorsnede kent.

De meeste plantelabels verstrekken die informatie, maar als dat niet het geval is, vraag er dan naar voor u een bepaalde soort koopt.

De beste tijd om bamboes te planten, is de lente. Kies een zonnige of licht beschaduwde plek en geef de plant voldoende ruimte om volledig uit te groeien. Houd in de regel 2 m ruimte tussen de planten aan. Bamboes groeien in elke vochtige tuingrond en een handje mest of universele compost helpt bij het aanslaan.

PERFECTE PARTNERS

De opvallende bladeren en de lange stammen van de bamboe worden extra geaccentueerd door een onderbeplanting van lage bladplanten zoals hosta's.

Tania Midgley

Verder hebben bamboes weinig verzorging nodig. Ze hoeven niet gesnoeid of gevoed te worden en ze hebben geen last van ziekten of plagen. Maar ze hebben wel wat water nodig als het langdurig droog is.

Zorg ervoor dat de wortels nooit helemaal uitdrogen, anders kan de plant doodgaan –

Bamboes staan altijd mooi in schaars beplante, elegante tuinschema's. Het feit dat ze het zo goed doen in potten maakt ze heel geschikt voor een grindtuin in Japanse stijl (onder). Ze staan ook goed op de patio.

TUINTIPS

KUIPEN

Bamboes zijn prima kuipplanten voor op de patio, het balkon of het trapje naar de voordeur. Het meeste effect bereikt u door een pot van Chinees keramiek te nemen, maar let op dat er een goed afvoergat in de bodem zit.

Bedek het gat losjes met potscherven om de afvoer te bevorderen. Voeg een laag universele potcompost toe en zet de bamboe in de pot. Voeg bij de randen meer compost toe en zet de bamboe stevig vast. Ruim begieten.

Pas op! Potgekweekte bamboes vragen veel water; ze mogen nooit droog staan.

Harry Smith Collection

Derek Gould

Deze bamboe (links) gaat gebukt onder verscheidene lange botanische namen – Arundinaria murielae, Thamnocalamus spathaceus *en* Sinarundinaria murielae *– die in tegenspraak zijn met zijn eenvoudige charme. De gele stammetjes vormen samen een sierlijk treurbosje van 3,5 m hoog. Vanwege deze groeivorm is hij ideaal als prachtplant in een gazon of grote kuip.* Pleioblastus viridistratius *is daarentegen een trage groeier die zelden groter wordt dan 1,5 m. Net als sommige andere bamboes heeft hij paarse stelen, maar de hoofdattractie wordt gevormd door zijn donzige, gele, groengestreepte blad. Hij is groenblijvend en staat goed in een heesterborder.*

NIET VERGETEN

BINNENSHUIS

Bamboes zijn geschikt als kamerplant, mits u ze voortdurend nat houdt. Houd ze uit de buurt van hittebronnen. Een kamer met een hoge vochtigheidsgraad, zoals de badkamer of de keuken, is ideaal. U kunt ook de vochtigheidsgraad verhogen door de pot op een bord met kiezelstenen te zetten die half onder water staan. Houd het water op peil om de vochtigheidsgraad hoog te houden.

bruine, broze bladeren zijn het eerste teken dat de plant vaker water moet hebben.

Vermeerderen

U kunt bamboes vermeerderen door ze in april uit te graven en te scheuren en de delen daarna opnieuw te planten.

Maar naarmate de plant groter wordt, wordt dat steeds lastiger. Nieuwe planten kunnen ook worden gekweekt van stekjes.

Stekjes neemt u van twee jaar oude stokken die aan de buitenkant van de plant zitten. Snijd ze in delen van 20 cm en plant die in een diepe pot met compost.

Bedek de pot met plastic en geef hem een warme plek, of zet hem in een verwarmde kas totdat de stek wortel heeft geschoten.

Gillian Beckett

FATALE BLOEMEN

Volgens een oude tuinierswijsheid is een bamboe ten dode opgeschreven als hij eenmaal gebloeid heeft. Gelukkig gebeurt dat laatste zelden, en soms pas als de plant 50 jaar is. Als een bamboe bloeit, raakt hij zo uitgeput dat hij kan afsterven.

Als dit gebeurt, moet u de stammen vlak boven de grond afsnijden en compost of mest rondom de plant aanbrengen. Er is een goede kans dat de plant weer tot leven komt en nieuwe scheuten krijgt.

Besrijke cotoneasters

De familie der cotoneasters is groot, gevarieerd en van onschatbare waarde vanwege de fraaie herfst- en winterkleuren van hun bessen en bladeren.

Cotoneasters zijn winterharde, gemakkelijk te kweken heesters met gepunt ovaal blad. Ze worden meestal gekweekt om hun doorgaans rode bessen, maar nooit om hun witte, soms roze, bloemen. Die zijn onopvallend, maar wel erg in trek bij bijen.

Sommige cotoneasters zijn bladverliezend en hebben fraaie herfstkleuren, andere zijn halfgroenblijvend of zijn volledig groenblijvend. De grote, meer opgaande soorten hebben tamelijk grote, aan de onderkant vaak donzig witte bladeren, terwijl de lage soorten kleine, vaak donker, glanzendgroen blad hebben.

De verschillende soorten hebben zeer uiteenlopende groeivormen en daarom kunnen ze zo veel doelen dienen – elke tuin verdient cotoneasters. Ze kunnen als solitaire heester gekweekt worden, als groenblijvend boompje, als bodembedekker of muurheester, als haag of als plant voor in de rotstuin.

Mooie bessen

Wat het meest opvalt aan deze planten, is de overvloed van bessen waar de takken letterlijk onder gebukt gaan. Tenzij de winter extreem streng is en de vogels ze allemaal opeten, sieren de bessen de boom van het vroege najaar tot soms na de jaarwisseling.

Ze steken even mooi af tegen het blad van de groenblijvende soorten als tegen de kale takken van de bladverliezende.

Het formaat van de bessen hangt af van de soort, maar ze zijn bijna allemaal rood getint. Uitzonderingen zijn *C.* 'Rothschildianus' met crèmekleurige

Collections/Patrick Johns

Gillian Beckett

De groenblijvende C. lacteus *vormt een goede informele haag of struik. Hij draagt bessen in grote trossen (links), die de hele winter blijven zitten als de vogels ze niet opeten.*

Harry Smith Collection

Zoals zijn naam al suggereert, is C. frigidus *(boven) bestand tegen extreme kou. Hij is bladverliezend, maar de bessen blijven nog lang zitten nadat de bladeren zijn gevallen.*

Eric Crichton

De bloempjes van de mispel zijn klein, maar doordat er zoveel van zijn, kunnen ze toch een enorme indruk maken (boven). Deze heet C. conspicuus *'Red Glory'.*

De groenblijvende C. franchetii *(links) is een van de beste tuinheesters. Zijn bladeren zijn aan de onderkant bleek, bijna wit, waardoor hij bij een briesje lijkt te golven.*

bessen en de zeldzame *C. moupinensis* met zwarte bessen.

Prachtheesters

Cotoneasters met een struikvorm zijn het geschiktst als solitaire heester, en voor de kleine tuin voldoen soorten die niet al te groot worden.

Een van de populairste soorten is *C. franchetti*, met grijzige, half-groenblijvende bladeren en een sierlijke treurvorm. Hij bereikt een hoogte en doorsnede van 2 m. *C. lacteus* heeft dezelfde vorm en hetzelfde formaat met olijfgroen blad dat aan de onderkant wit dons heeft. *C. conspicuus* is een andere grote soort. Hij is groenblijvend met donkergroen blad, maar de variëteit 'Decorus' is een stuk kleiner: 60-90 cm hoog en breed. Deze variëteit heeft witte bloempjes die op meidoornbloesems lijken.

Hybriden van *C. frigidus* worden groot –tot 4,5 m x 4,5 m–,

GOEDE IDEEEN

ZAGEN

Als er een volgroeide, te grote cotoneaster in uw tuin staat, wanhoop dan niet, maar zaag hem op ongeveer 1 m boven de grond af. Hij zal er een paar maanden vreselijk uitzien, maar later wordt u beloond met veel nieuw hout.

PLANTPROFIEL

Geschikte plek en grond Cotoneasters zijn winterhard en groeien op elke grond, zelfs als die arm is en gebrek heeft aan voedingsstoffen. Hoewel ze het liefst in de volle zon staan, gedijen ze ook goed in de halfschaduw.
Planten Plant tussen midden herfst en einde winter.
Verzorgen Water geven bij droogte tot hij aangeslagen is. Snoeien is niet nodig, behalve bij hagen en om te voorkomen dat krachtige soorten te groot worden. Snoei bladverliezende soorten in de late winter en groenblijvende in de lente.
Vermeerderen Neem hielstekjes van halfrijp hout in de tweede helft van de zomer. Lage soorten kunt u afleggen.
Ziekten en plagen Sommige cotoneasters zijn gevoelig voor bacterievuur, een ernstige bacteriële aandoening. Deze begint bij de bloemen en verspreidt zich naar de takken en bladeren, die eerst bruin en dan zwart worden. Snijd ruim voorbij de aangetaste delen af en verbrand die.

maar kunnen door geregeld snoeien in toom worden gehouden. Voorbeelden zijn 'Cornubia', met half-groenblijvend, donkergroen blad en enorm veel bessen, en 'Rothschildianus', half-groenblijvend met aparte gele bessen.

Met zijn lange, gepunte wilgachtige bladeren wijkt *C. salicifolius* af van de andere cotoneasters. De soort is krachtig en breed uitgroeiend. Hij wordt 3 m hoog en 3 m breed, maar variëteiten als 'Autumn Fire' ('Herbstfeuer') en 'Gnome' zijn lage heesters en daardoor geschikt als bodembedekker.

Hagen

Cotoneasters die geschikt zijn als informele haag, hebben een dichte, opgaande vorm. *C. simonsii* is goed, omdat hij een smalle, opgaande groeiwijze heeft, maar zijn blad is half-groenblijvend. Voor een betrouwbare, groenblijvende haag neemt u *C. lacteus* of *C. franchetti. C.* 'Cornubia' wordt soms aan-

Photos Horticultural

Als u de hybride Cotoneaster *'Cornubia' niet in toom houdt, kan hij uitgroeien tot een half-groenblijvende heester van meer dan 4,5 m hoog en breed. Hij wordt enorm gewaardeerd om zijn hangende bessentrossen en zijn lange, elegante, puntige bladeren (boven). De hybride* C. *'Rothschildianus' wordt even groot en heeft identieke bladeren. Soms is hij groenblijvend, maar hij valt vooral op vanwege zijn roomkleurige bessen (rechts).*

Pat Brindley

C. salicifolius *'Gnome' of 'Gnom' (rechts) onderscheidt zich van andere soorten door zijn smalle, lancetvormige bladeren. Deze variëteit wordt zelden hoger dan 20 cm, maar groeit erg snel, waardoor ze zeer geschikt is als dichte bodembedekker of om over een steunmuur te hangen, zoals hier.*

Derek Gould

C. horizontalis *(onder) is van alle cotoneasters de meest gebruikte bodembedekker en is het vaakst in tuinen te zien. Zijn takken vormen een visgraatpatroon, en hij kan, zoals hieronder te zien is, zowel voor horizontale als verticale bedekking zorgen.*

John Glover/Garden Picture Library

bevolen, omdat hij snel groeit, maar zijn blad (12 cm lang) is aan de grote kant voor een haag en bovendien is de variëteit slechts half-groenblijvend.

Een informele haag hoeft niet zo geregeld en nauwgezet geknipt te worden als een ligusterhaag; desalniettemin moeten cotoneasters met name in de beginjaren zorgvuldig geknipt worden om uit te groeien tot haag en niet tot een rij struiken. Hoe verleidelijk het ook is om de haag snel te laten groeien, snoei de planten 's winters stevig terug en voer de hoogte geleidelijk op tot maximaal 2 m. Dit is essentieel voor een dichte, redelijk nette haag.

Bodembedekkers

De bekendste cotoneaster is misschien wel *C. horizontalis*, waarvan de stijve takken een visgraatpatroon vormen. Deze wordt niet hoger dan 60 cm, maar kan wel een doorsnede bereiken van ruim 2 m. Hij wordt vaak gebruikt om lelijke objecten als mangatdeksels aan het oog te onttrekken, maar hij kan ook tegen muren of schuttingen op worden geleid. Deze bladverliezende cotoneaster is erg decoratief, want de blaadjes worden in de herfst eerst geel en dan rood, waarna hij nog een massa helderrode besjes krijgt.

Een andere goede bodembedekker is *C. dammeri*, die krachtig groeit en erg laag blijft – 15 cm x 2 m of meer. Hij is groenblijvend en ideaal als bedekker van een aarden wal of kale grond onder bomen. Om de dichtheid te bevorderen, pent u nieuwe scheuten met draad

TUINTIPS

DE BIJTJES EN DE BLOEMETJES

Zoals zo veel onbeduidende bloemen zijn die van de cotoneaster erg geliefd bij bijen, die er massaal op afkomen. In strenge winters zijn de bessen een waardevolle voedselbron voor merels, lijsters en koperwieken.

Derek Gould

vast, zodat ze daar wortel schieten. De populaire variëteit 'Skogholm' is iets groter.

C. microphyllus is half-bodembedekkend en wordt maximaal 30 cm x 2 m. Hij wordt veel gebruikt op aarden wallen.

De variëteit *C. m. thymifolius* is compacter, met kleine, donkergroene blaadjes en is ideaal voor een rotstuin. Een andere, werkelijk dwergachtige soort is *C. congestus*, die eruitziet als een dichte hoop blauwgroen blad. Deze wordt ca. 10 x 30 cm.

Groenblijvende bomen

Er zijn maar weinig groenblijvende of half-groenblijvende bomen geschikt voor de kleine tuin, maar tot de uitzonderingen behoren een paar variëteiten van *C. frigidus*. Indien goed gesnoeid (alleen de onderste takken weghalen), wordt *C. frigidus* een keurig boompje van 4,5 m hoog.

'Hybridus Pendulus' is half-bodembedekkend, maar als hij groeit op een 2 m hoge staak, is het een fraai, klein treurboompje met roze bloemen. 'John Waterer' groeit ook uit tot een welgevormde boom.

Kopen en kweken

De *Cotoneaster*-familie omvat zo'n 80 verschillende leden. We

Als u hem aan zijn lot overlaat, is C. *'Hybridus Pendulus' een bodembedekker. Maar als u hem hoogstammig kweekt, is het een prachtige treurboom van 1,8 m hoog (links).*

C. *'John Waterer' is een prachtig ronde struik die zijn naam dankt aan een plantenkenner die beroemd is om zijn werk met cotoneasters. De treurvorm wordt in de herfst extra benadrukt, doordat de trossen rode bessen de takken nog meer laten neerhangen (rechtsonder).*

'Skogholm' groeide in de jaren '50 in Zweden spontaan op uit een zaailing van C. dammeri*; experts worden het er maar niet over eens of het nu een hybride is of niet. Waar zijn oorsprong ook ligt, 'Skogholm' is een prima bodembedekker (links) die zich zeer snel verspreidt en een stuk van 3 m breed bedekt.*

C. congestus *is een echte dwerg, die zelden hoger wordt dan 7,5 cm. Hij heeft de vorm van een dichte hoop bladeren, die 's zomers wordt opgesierd door kleine, mooie bloempjes (onder) en in de herfst en winter door de gebruikelijke heldere bessen.*

Gillian Beckett

Pat Brindley

AANBEVOLEN VARIETEITEN

C. conspicuus 'Decorus' Kleine, donkere groenblijvende heester met geurige bloemen.
C. 'Skogholm' Groenblijvende bodembedekker.
C. franchetii Grijzige, half-groenblijvende bladeren; prachtheester.
C. 'Cornubia' Half-groenblijvend; besrijk.
C. 'John Waterer' Welgevormde groenblijvende boom.
C. 'Rothschildianus' Gele bessen; half-groenblijvend.
C. horizontalis Bladverliezend; herfsttooi en besrijk; horizontale of verticale bedekker.
C. lacteus Olijfgroene bladeren met witte onderkant; prachtheester.
C. microphyllis thymifolius Kleine blaadjes; breed groeiende rotsplant.
C. ('Herbstfeuer) 'Autumn Fire' en 'Gnome' Gepunt blad; bodembedekker.
C. 'Coral Beauty' Groenblijvend met oranjerode bessen.
C. 'Exburiensis' Half-groenblijvende heester met gele bessen, soms met roze blos.

Collections/Patrick Johns

noemen hier slechts de soorten die hoogstwaarschijnlijk bij alle tuincentra voorradig zijn.

Koopt u een onbekende soort, verzeker u er dan van dat de groeivorm geschikt is, zodat u geen reus koopt voor een plek waar u een bodembedekker wilde hebben.

Plant cotoneasters op plaatsen waar u ze vanuit uw huis op gure winterdagen kunt zien als de tuin verder weinig kleur heeft.

Vergeet niet dat het krachtige groeiers zijn – plant ze dus niet direct voor een raam of te dicht op een pad. Als ze eenmaal geworteld zijn, hebben ze nauwelijks aandacht nodig, maar snoei ze voordat ze groter worden dan de bedoeling is.

Schitterende kornoeljes

De kornoeljes die met hun robijnrode stammen het winterlandschap verfraaien, zijn het bekendst, maar deze planten kunnen uw tuin het hele jaar door betoveren.

De kornoelje verschaft het hele jaar een verbazingwekkende variatie in spectaculaire effecten: van de explosie van kleur aan het begin van de lente via de exotische, crèmewitte pracht in de zomer tot de schitterend gekleurde, kale takken in de winter.

Verder hebben sommige soorten een bonte zomertooi en levendige herfstkleuren die vaak niet te overtreffen zijn. Een veelzijdiger, nuttiger familie voor de tuin is nauwelijks voorstelbaar.

Omdat kornoeljes zo'n bonte verzameling vormen, die kleine bomen, heesters en overblijvende planten omvat, worden er pogingen ondernomen om het geslacht op te delen in een aantal geslachten. Voorlopig zijn ze echter nog steeds bekend onder de naam *Cornus*.

Kornoeljes zijn gemakkelijk te kweken planten die meestal winterhard zijn, van zon of halfschaduw houden en in allerlei grondsoorten gedijen, hoewel ze vruchtbare, goed gedraineerde en lichtelijk zure grond prefereren.

Bladeren en bloemen

De groen tot donkergroene bladeren zijn alleen de moeite waard omdat talloze, meestal bladverliezende variëteiten exquise kleurschakeringen laten zien die zachter zijn dan die van vele bonte, groenblijvende planten. Als de zomer wijkt voor de herfst, vlamt het groen op in schitterende tinten scharlaken, karmozijn, paars en brons.

Ook de bloemen zijn in het algemeen onopvallend, maar bij verscheidene soorten veran-

Eric Crichton

PLANTPROFIEL

Geschikte plek en grond Plant in de zon of halfschaduw. Soorten met decoratieve schors gedijen het beste in de volle zon. 'Bloeiende' soorten als *C. kousa* en *C. florida* moeten beschut worden tegen harde wind. Elke vruchtbare, goed gedraineerde grond is geschikt, maar een licht zure grond is doorgaans het beste, vooral voor *C. canadensis*. Zet *C. florida*, *C. kausa* en *C. nuttallii* niet in kalkrijke grond.
Planten Poot bomen in de herfst en andere soorten in voor- of najaar.
Verzorgen Struikvormige soorten met een mooie schors moet u in de lente terugsnoeien tot 5-10 cm boven de grond. 'Bloeiende' kornoeljes liever niet snoeien — ze vragen eigenlijk zelden snoei. In het jaar nadat de plant gepoot is, ruim begieten bij droogte.
Vermeerderen De meeste soorten kunt u 's zomers vermeerderen met zachte stekjes. *C. alba* en *C. stolonifera* kunt u ook in de herfst vermeerderen met verhoute stekjes, of door tegen het eind van het seizoen bewortelde uitlopers te verwijderen en te herplanten. Het rijpe zaad van bomen kunt u in de nazomer of vroege herfst in een koude bak zaaien. Scheur *C. canadensis* in voor- of najaar.
Ziekten en plagen Normaliter geen problemen.

deren de saaie, platte trossen in prachtige bloemen dankzij een kraag van zuiverwitte, bloembladachtige schutbladen met een exotische eenvoud van vorm. De bloemen worden gevolgd door bessen van verschillende kleur en vorm, die de plant in herfst en winter extra interessant maken. Elke soort heeft een specifieke combinatie van deze deugden, en u moet zorgvuldig afwegen welke effecten u in uw tuin wilt sorteren.

Rode takken

Cornus alba is waarschijnlijk de bekendste kornoelje – en wel om een goede reden. Aan deze soort danken we namelijk die prachtige bosjes met schitterend rode takken in hartje winter. Maar deze kornoelje doet het hele jaar goed zijn best. Bonte variëteiten leveren fraai zomerblad; alle variëteiten verkleuren in de herfst. De onopvallende bloemen ontluiken in de vroege zomer en worden gevolgd door trossen witte, soms blauwgetinte bessen.

De belangrijkste overweging bij het planten van *C. alba* is de takken zo fraai mogelijk te laten uitkomen. Het is een krachtige, smal opgaande struik die uitlopers vormt en hoger dan 2 m kan worden. Hij houdt van de

Collections/Patrick Johns

Gillian Beckett

S & O Mathews

Kornoeljes hebben de tuinier het hele jaar door iets te bieden. In de herfst heeft C. alba *trossen witte bloemen tegen een vlammende herfsttooi (links), terwijl* C. mas *in de vroege lente bloeit op kale scheuten (boven).* C. alba *'Elegantissima' heeft hartje zomer prachtig, groenwit geschakeerd blad (rechts), terwijl* C. alba *'Sibirica' de wintertuin verwarmt met zijn schitterend gekleurde nieuwe scheuten (rechtsboven).*

GOEDE IDEEEN

KLEUREN VAN HET SEIZOEN

Plant nieskruid of sneeuwklokjes en winterakoniet bij *C. alba* en *C. stolonifera* 'Flaviramea' en tegen een achtergrond van goudkleurige of blauwgroene heesters om de winter op te fleuren. Ook waterkers kruipt maar al te graag tussen deze kornoeljes omhoog om zijn gele, oranje en rode kleuren spectaculair tegen het zomerblad te laten afsteken.

volle zon, waarin de schors rijpt om de winter zijn mooiste kleur te schenken. Hij verdraagt natte grond en is daarom ideaal voor een moerassige bodem of een plek naast een vijver, waarin hij op een heldere dag op een adembenemende manier weerspiegeld kan worden. Stelt u zich voor hoe die takken afsteken tegen een besneeuwde achtergrond of hoe zijn kleur even wordt opgelicht door de koplampen van uw auto als u de oprijlaan oprijdt.

De variëteit 'Sibirica', ook bekend als 'Westonbirt', is scharlaken van kleur en wordt tegen de lente donkerder, terwijl 'Kesselringii' donkerpaarse takken heeft. 'Spaethii' is mooi vanwege zijn geel- en groenbonte blad in de zomer, dat naarmate het seizoen vordert een zachte gouden kleur met een rooskleurig tintje krijgt. Een alternatief is 'Elegantissima, waarvan de grijsgroene bladeren een witgespikkelde rand hebben.

C. stolonifera 'Flaviramea' met zijn geelgroene takken heeft een soortgelijke groeivorm en is 's winters echt een plaatje, vooral als hij begeleid wordt door het rood en paars van *C. alba*.

Bont blad

Met zijn fraaie blad en elegante vorm is *C. alternifolia* 'Argentea' een van de mooiste bontbladige heesters, die met 4,5 m even hoog wordt als een kleine boom. Zijn breed uitgroeiende takken gaan gehuld in smalle bladeren met brede, zilverwitte randen, waardoor er lagen van glinsterende zachtheid ontstaan. Dit effect verdient een prominente plaats en een achtergrond van effen groene heesters of bomen met grotere bladeren. Een boom met dezelfde groeivorm is *C. controversa* 'Variegata' en dat heeft hem in het Engels de naam *wedding-cake tree* (bruidstaartboom) opgeleverd. Hij wordt hoger dan *C. alternifolia* 'Argentea'; na vele jaren kan hij wel 9 m hoog worden. Hij heeft grote bladeren met brede, crèmewitte randen, die brede lagen vormen die op die van een bruidstaart lijken.

Een van de weinige kornoeljes met spectaculaire bloemen is *C. mas.* In de late winter vormen de kleine trossen stervormige, gele bloemetjes aan kale takken een welkome aankondiging van de lente. Ze worden gevolgd door grote, kersachtige, rode vruchten. De boom wordt uiteindelijk 4,5 m hoog en kent verschillende variëteiten met fraai zomerblad. De bladeren van 'Aurea' zijn geel, terwijl die van 'Elegantissima' worden opgesierd door roze en gele kleurschakeringen. Andere soorten die om hun bloemen gekozen worden, ontlenen hun schoonheid doorgaans aan de kraag

AANBEVOLEN VARIETEITEN

Kleurrijke schors
C. alba, vooral 'Sibirica' vanwege zijn scharlaken en 'Kesselringii' vanwege zijn donkerpaarse takken.
Ook *C. stolonifera* 'Flaviramea' (geelgroene takken) en *C. sanguinea* (groenrode takken).

Schors en blad
C. alba 'Elegantissima' (witgespikkelde bladeren met witte randen) en 'Spaethii' (gele kleurschakeringen).

Blad
C. alternifolia 'Argentea' (brede zilveren randen, soms met een roze tintje) en *C. controversa* 'Variegata' (crèmewitte randen).

Bloemen
In het vroege voorjaar *C. mas* (gele bloemen). De bladeren van 'Aurea' hebben een gele glans, die van 'Variegata' brede witte randen.
In het late voorjaar *C. florida* (witte schutbladen) en *C. f. rubra* (roze schutbladen).
's Zomers *C. kousa chinensis* (grote witte schutbladen) of *C. nuttallii*, die meestal groter wordt dan 9 m (grote witte schutbladen met soms een roze tintje).

Verscheidene kornoeljes zijn bontbladig. Een opvallend voorbeeld is Cornus alternifolia *'Argentea' (links). De brede witte bladranden geven bij een briesje een glinsterend effect.*

De beester C. kousa *wordt meestal geplant vanwege zijn vele, grote schutbladen. Bij* C. k. chinensis *zijn deze eerst groen, worden dan wit en krijgen uiteindelijk een lieflijke, roze blos (linksonder).*

De groene wintertakken van C. stolonifera *'Flaviramea' bieden een alternatief voor het rood van de andere variëteiten (rechts).*

Ook C. florida *is een 'bloeiende' kornoelje met kleurrijke schutbladen.* C. f. rubra *(onder) is roze; andere zijn wit.*

Photos Horticultural

van vier, meestal witte, bloembladachtige schutbladen onder de echte bloemen. In de lente sieren grote wolken van deze 'bloemen' met hun tere tinten wit, roze en rood de breed uitgroeiende takken van de bloeiende kornoeljeboom (*C. florida*). Er zijn verscheidene prachtige variëteiten, waaronder *rubra*, met rooskleurige schutbladen en rood jong blad, en 'Rainbow', waarvan de donkergroene bladeren geelgerand zijn. Hij wordt uiteindelijk ca. 4,5 m hoog en onder de juiste omstandigheden (hij houdt niet van kalk) voert hij in de herfst een prachtige show op.

C. kousa is in de zomer één bedwelmende massa grote, witte schutbladen, en het lijkt wel of de takken gebukt gaan onder een laag sneeuw. De beste variëteit is ongetwijfeld *chinensis*, die grote schutbladen heeft en een meer opgaande en open groei-

Harry Smith Collection

Harry Smith Collection

Andrew Lawson

In warme zomers draagt Cornus kausa *rode vruchtjes, die op een afstand wel wat op aardbeien lijken. Van dichtbij lijken de bessen met hun harde velletje echter meer op lychees. De bessen groeien in de herfst tegen een achtergrond van verkleurende bladeren (boven).*

C. nuttallii *is een grote, kegelvormige boom. In de late lente krijgt hij kleine bloemetjes, die indruk maken door hun grote, opvallende, witte schutbladen (rechtsboven).*

vorm dan de andere. Hij wordt ca. 7 m hoog en is werkelijk prachtig als solitaire boom of heester. Zijn schutbladen zijn in de lente eerst lindegroen, worden wit om daarna vaak nog te veranderen in crème met een tintje roze. Na een warme zomer volgen er soms aardbei-achtige vruchten, en de donkergroene bladeren krijgen in de herfst helder roodpaarse en bronzen tinten. Ook *C. kousa* reageert niet goed op kalkrijke grond.

De bodembedekker *C. canadensis* is een vreemde eend in de bijt. Het is een 15 cm hoge overblijvende plant met spiralen van groene bladeren die onkruid geen kans geven. Als de lente overgaat in de zomer, krijgen de schijfjes kleine, groenpaarse bloempjes een kraag van witte schutbladen en daarna volgen er trossen rode bessen. Omdat hij gevoelig is voor lentevorst en om lichte schaduw en vochtige grond vraagt, is een plek onder heesters of bomen het beste.

Stekken

Als kornoeljes geworteld zijn, kunt u ze het beste aan hun lot overlaten, met uitzondering van de heesterachtigen die om hun schors gekweekt worden (*C. alba* bijvoorbeeld). Aangezien het bij deze kornoeljes de takken zijn die de mooiste kleuren verschaffen, moeten ze elk voorjaar worden teruggesnoeid tot 5-10 cm boven de grond.

Verschillende soorten kunnen op verschillende manieren worden vermeerderd, maar het nemen van zachte stekjes in de zomer schijnt bij veel soorten goed te werken. Stimuleer wortelvorming in een verwarmde kweekbak bij 21-24°C. Laat de stekjes dan geleidelijk afharden en laat vervolgens de gewortelde stekjes 's winters in een koude bak staan. Ze kunnen buiten geplant worden als de kans op lentevorst geweken is.

BLOEMSTUKKEN

Haal kornoeljetakken naar binnen om het hele jaar prachtige effecten te creëren.

De kleurrijke schors geeft een architectonisch cachet aan winterse bloemstukken, hoewel die ook in andere seizoenen nuttig is, terwijl de meeste soorten herfststukken een fraaie, warme tint geven. Vooral *C. kousa* is uiterst geschikt voor bloemschikken — met een paar takken kunt u al een exotische blikvanger maken.

Ontschors de onderste 5-10 cm van de takken en zet ze dan een paar uur in ruim warm water voor u ze gebruikt.

Winterharde fuchsia's

De elegante, decoratieve bloemen in allerlei opvallende kleuren maken van de robuuste fuchsia een immer populaire zomerheester.

Eric Crichton

F. 'Tom Thumb' (Klein Duimpje) (links) met zijn stevige, kersrode en mauve bloemen is een passende naam voor de bekendste onder de winterharde dwerg-variëteiten en ziet er fantastisch uit in een rotstuin. F. magellanica *is daarentegen een veelzijdige, breed uitgroeiende soort uit Mexico die in een gematigd klimaat bijna 2 m hoog wordt. Deze winterharde heester wordt vaak gebruikt voor hagen in gebieden met een gematigd klimaat.*

De fuchsia is een van de populairste en gemakkelijkste tuinplanten, die vanaf hartje zomer tot aan de eerste najaarsvorst massa's knikkende, belvormige bloemen heeft. Voor heesterperken en gemengde borders is ze ideaal, en in gematigde streken kan ze als haag gekweekt worden, terwijl de bodembedekkers onder de fuchsia's rots- en moerastuinen kleurrijker en interessanter maken.

Te veel om te kiezen

De meeste fuchsia's zijn meerstammige, smal opgaande struiken van 30 x 90 cm, hoewel winterharde exemplaren in een gematigd klimaat bijna 2 m hoog kunnen worden. Sommige variëteiten hebben sierlijke hangende takken; andere beginnen het seizoen vaak opgaand om later hun takken toch te laten hangen onder het gewicht van vele, grote bloemen. Winterharde fuchsia's kunnen het hele jaar door buiten blijven, hoewel ze in strenge winters de neiging hebben af te sterven tot op de grond, waarna ze in de lente weer de hoogte in schieten.

Roze blos

Winterharde fuchsia's variëren van wit en ivoor naar tinten ro-

The Garden Picture Library

PROJECT

EEN FUCHSIAHAAG PLANTEN

Fuchsia magellanica is heel geschikt voor een decoratieve, informele haag. De struik groeit snel en vereist slechts incidenteel snoeiwerk — in de herfst of het vroege voorjaar. Als u de volgende eenvoudige regels opvolgt, wordt u beloond met een aantrekkelijke struik, zoals *F. m.* 'Variegata'(links), met zijn witroze gerande bladeren en zijn levendige rode en paarse bloemen.

- In het late voorjaar planten op 30 cm onderlinge afstand. Druk de grond rond de wortels stevig aan en geef ruim water tot hij goed is aangeslagen.
- Houd een cirkel met een straal van 30 cm vrij van onkruid en andere planten door een laag houtsnippers, schors of mulch aan te brengen.
- Voor een mooie struikvorm moet u de opwaartse opgroei in het begin afremmen door de groeitoppen van jonge planten te snoeien.

ze, karmozijn, scharlaken, lavendel en violet. Sommige hebben pastelkleuren en andere juist felle kleuren – echt een aantrekkelijk en formidabel kleurenspectrum.

Bloemen kunnen één effen kleur hebben, maar de meeste variëteiten, zoals de scharlaken en paarse 'Mrs Popple', zijn tweekleurig. Een paar hebben zelfs een blos of hebben aders van een derde kleur.

Het blad van fuchsia's is meestal effen groen, maar het kan ook bont zijn, zoals bij *F. magellanica* 'Versicolor' met zijn groene, grijze en witte bladeren.

Vruchten

Als verwelkte bloemen en hun stengels niet verwijderd worden, gaan er zich groene zaadpeulen vormen die uiteindelijk donkerrood worden. Hoewel ze decoratief zijn, remmen de vruchten van de fuchsia verdere bloei af, dus is het verstandig om de peulen te verwijderen zodra ze de kop op steken. De bodembedekker *F. procumbens* heeft grote, kleurrijke vruchten van 2,5 cm lang – drie keer zo groot als de kleine bloemetjes.

Kopersgids

Winterharde fuchsia's worden het hele jaar door in potten verkocht, maar u kunt ze het beste in de vroege zomer planten.

Zoek naar stevig en houtig groeisel en een evenwichtig bladrijk takkenstelsel dat geen tekenen van verwelking, vergeling, ziekten of plagen vertoont. Laat u beslist niet verleiden om het exemplaar met de meeste bloemen te kopen, want er zullen veel bloemen bij het planten sneuvelen en bovendien kunnen ze een zwak of misvormd takkenstelsel verhullen.

Fuchsia's planten

Fuchsia's gedijen in zon of lichte schaduw op elke goed doorlatende, maar vochtige, vruchtbare grond. Soorten met bleke bladeren kunnen echter in de volle zon verschroeien en hebben wat schaduw nodig. Geen enkele fuchsia houdt van aanhoudende, droge hitte.

Als u een plek hebt gevonden, graaf dan een kuil waarvan de doorsnede 15 cm groter is dan die van de pot en 5 cm dieper. Verwijder al het onkruid. Als het warm is of als de grond zeer doorlatend is, vul dan de kuil met water en laat dat wegzakken. Werk natte turf of bladaarde en een beetje beendermeel door de grond.

Geef de fuchsia water en haal de plant voorzichtig uit de pot.

'Alba'(rechts), de meest winterharde van alle F. magellanica*-variëteiten, zet heldergroen blad af tegen mooie, witte bloemen met een tintje mauve.*

David Russell/Garden Picture Library

Snoei van winterharde variëteiten in de lente alle bladloze, verschrompelde takken die door de vorst afgestorven kunnen zijn terug tot vlak boven de grond (onder). Om de struikvorm en bloei te stimuleren, snoeit u de overgebleven takken met 20 procent licht terug tot net boven een bladpaar.

Photos Horticultural

Zet haar in de kuil en zorg dat ze daarin 4 cm dieper staat dan in de pot. Zelfs als de topjes door vorst zijn afgestorven, worden de lenteknoppen nog beschermd en kunnen ze er het volgende jaar fris tegenaan. Vul de ruimte tussen de wortelkluit en de rand van de kuil met aarde vermengd met meer turf of bladaarde. Druk de grond stevig aan en geef de plant water.

Ruimte voor groei

De afstand tussen uw planten bij het poten hangt af van de variëteit: 20 cm voor de dwergvorm 'Tom Thumb', 60 cm voor de bodembedekker *procumbens* en 2 m voor de krachtige 'Riccartonii'. Plant nooit andere planten rond een jonge fuchsia, want dan krijgt ze geen kans.

Kamerplanten

Gebruik een voedselrijke potgrond op leembasis. Potten van klei zijn mooier en stabieler dan plastic potten – dat is belangrijk als u topzware, hoogstammige planten kweekt!

Plant een nieuwe fuchsia in een pot die 2,5 cm groter in doorsnee is dan die van het tuincentrum, of nog groter als de plant deel gaat uitmaken van een gemengde groep. Leg een drainagelaag op de bodem van de pot en vul hem met potgrond. Geef water en plant de fuchsia, waarbij u 1 cm ruimte laat tussen de bovenkant van de wortelkluit en de rand; geef nu opnieuw water. Laat de fuchsia een paar dagen in de schaduw herstellen en tot rust komen. Verpot alleen als de wortels de bestaande pot vullen.

Cultiveren

Geef de plant dagelijks water tot ze geworteld is en daarna regelmatig, vooral bij droog, heet weer. Geef haar in het groeiseizoen wekelijks universele mest of speciale voeding voor de fuchsia. Volg de instructies op de verpakking nauwlettend op, omdat te veel voeding weelderig blad oplevert en weinig tot geen bloemen.

Knijp de groeiende topjes van jonge planten af om de vorming van zijscheuten te stimuleren. Dit bevordert struikvorming.

Breng in de tweede helft van de herfst, vóór de eerste vorst, een laag mulch om de voet van winterharde fuchsia's aan. Laat in hartje zomer fuchsiastekjes van 7-10 cm wortel schieten en splijt de stek vlak onder een bladpaar. Dip het uiteinde van elke stek in wortelpoeder en zet de stek voor de helft in potgrond op turfbasis. Dek de stek af met een plastic zak om een vochtige atmosfeer te creëren en houd de temperatuur constant op ca. 16°C.

De vorstgevoelige fuchsia 'Amy Lye' (onder) wordt beschermd door Hydrangea macrophylla.

Hier staat Stachys lanata *'Silver Carpet', een bodembedekker met harmonieus gevormde bladeren, voor een* F. magellanica *(rechts). De planten contrasteren in kleur en textuur.*

Mooie heidesoorten

Groenblijvende heidesoorten in zachte, warme tinten zijn het hele jaar mooi. Gebruik ze voor een heidetuin of om een border interessanter te maken.

Photos Horticultural

Alan Bedding/Garden Picture Library

Een doordacht heidebed geeft uw tuin het hele jaar kleur. Deze heideplanten (linksboven) staan naast een blauwgetinte conifeer, wat de intensiteit van de verschillende tinten roze en lila verhoogt. Aangezien heide een dicht tapijt vormt, hoeft u ook minder te wieden.

Als u een zee van kleur wilt, gaat er niets boven een tuin vol heide. De bloemen en bladeren vormen met andere planten net zo'n harmonieus geheel als met elkaar. Het donkerste paars vloeit over in een zee van mauve, die weer overgaat in subtiel roze en dan weer schitterend zuiverwit wordt – veranderingen die zo subtiel zijn dat ze nauwelijks opvallen.

Heide kan aan elk formaat tuin worden aangepast en bespaart u werk, want als bodembedekker onderdrukt heide onkruid.

Heideplanten zijn groenblijvend en te verkrijgen in allerlei kleuren; dat geldt zowel voor de bloemen als voor de bladeren, en van sommige soorten verandert de kleur van het blad zelfs per seizoen.

De plantjes zijn relatief klein, maar als u er genoeg van plant, groeien ze naar elkaar toe en vormen ze een tapijt in allerlei kleuren waaraan u het hele jaar plezier beleeft.

Naamsverwarring

Als we over heide praten, gebruiken we eigenlijk een term die drie soorten planten omvat: winterharde heide (*Erica*), die

Als u een grote tuin bezit, creëer dan een natuurlijk heidelandschap door een stuk grond met Erica cinerea *(rode dopheide) te beplanten (boven). Deze helderoranje heidesoort is aangeplant onder een zilveren conifeer, die net als heide van zure grond houdt.*

PROJECT

In een kleine tuin is er misschien maar plaats voor één heidesoort. Kies daarom de plek zorgvuldig om de schoonheid ervan optimaal uit te laten komen. Aan de voet van een boom is een goede plek, of zelfs de binnenkant van een stronk. Als u geen boom hebt, is een omgekeerde houten ton even effectief.

inheems is in Europa; Ierse heide (*Daboecia*), die eveneens in tuinen groeit; en struikheide (*Calluna vulgaris*), die op heidevelden en bergen groeit. Strikt genomen is struikheide de enige echte heide, maar alle drie soorten worden als heide aangeduid.

U kunt heide in tuinen van elk formaat en ook in kuipen planten. U bepaalt hoe groot de heidetuin moet worden en u hoeft alleen de natuurlijke omstandigheden na te bootsen waarin deze kleine, taaie plantjes groeien. Ze zijn gewend aan onbeschutte, hoge gronden met een arme, maar goed doorlatende bodem en vaak veel neerslag. Vele kunnen groeien op licht alkalische grond, maar ze prefereren turfhoudende, zure grond. Ze trekken zich niets aan van winderige plekken, maar ze moeten zon hebben om te gedijen.

Heideplanten hebben weinig bemesting nodig, maar geef ze in de lente een gift van bloed-, vis- en beendermeel. Schoffel dit door de grond rond de planten. Na het planten moet u de grond rond de heide altijd mulchen om het waterverlies te beperken en onkruid te onderdrukken, zodat uw werk lichter wordt.

Het mooiste effect bereikt u als u verscheidene planten van één soort bij elkaar zet. Hoe meer ze groeien en in elkaar overlopen, hoe mooier de kleuren worden. Het is belangrijk dat u de planten op de juiste afstand van elkaar plant: eerst zien ze er wat verloren uit, maar al spoedig kruipen ze naar elkaar toe om één massa te vormen. De algemene regel is: plant drie planten per vierkante meter. U moet wieden tot de planten elkaar bereikt hebben. Als dat het geval is, ontnemen ze onkruid hun licht en ruimte, zodat u aanzienlijk minder hoeft te wieden.

Geïsoleerde bedden

Als u de groeiomstandigheden kent waar heide van houdt en weet hoe groot uw heidetuin moet worden, kunt u echt creatief aan de slag. Hebt u een lap geschikte grond in de volle zon, liefst op een lichte helling, dan hebt u de juiste plek voor een goede heidetuin. In het ideale geval kijkt u vanuit elke richting uit op een heidebed in een gazon – een geïsoleerd, onregelmatig gevormd bed is geschikt voor heide. Als de plek groot is, kunt u het best een te-

DE BESTE HEIDE-SOORTEN

Calluna vulgaris 'Beoley Gold' is struikvormig en kan 40 cm hoog worden. Zijn goudkleurige blad is het hele jaar mooi, en zijn witte bloempjes zijn een prima achtergrond voor 'Anne Marie' met zijn donkergroene blad en bloemen die eerst licht- en dan donkerroze worden. Plant van elke soort vijf per m^2.

'Elsie Purnell' heeft dubbele bloemen, grijsgroen blad en wordt 50 cm hoog: u hebt er vijf per m^2 van nodig. 'Golden Carpet' is zowel 's zomers als 's winters schitterend. 's Zomers heeft hij roodpaarse bloemen en goudkleurig blad, dat 's winters oranjerood opgloeit. Hij heeft een compacte vorm en wordt ca. 15 cm hoog. Neem er zes per m^2.

'Beoley Gold' is goudkleurig en struikvormig.

'Golden Carpet' verschiet van kleur.

Photos Horticultural

'Anne Marie' heeft mooie roze bloempjes.

MAAK EEN KALKVRIJ PLEKJE

Turf wordt van oudsher gebruikt om de ideale groeiomstandigheden voor heide te creëren. Het is zuur materiaal dat de grond minder alkalisch maakt.

Ook maakt turf zware grond lichter door de drainage en beluchting te verbeteren, maar de grond wordt er niet rijker van. Tuiniers beseffen steeds beter dat de turfrijke gronden verdwijnen en daarom zoeken ze naar geschikte alternatieven.

En die zijn er: zelfgemaakt compost, goed verteerde hop, gecomposteerde schors en bladaarde, kokosvezels en gecomposteerde varens.

Graaf voor een rotsheidetuintje eerst de bestaande grond af. Vul de bodem van de kuil met grind om de drainage te bevorderen en daarna met mosturf of een van bovenstaande alternatieven, waarbij u voldoende ruimte vrij laat voor de wortelkluit.

Eventueel kunt u een stuk zwart plastic in de kuil leggen, maar prik daar minimaal één gaatje in, anders kan de grond doordrenkt raken waardoor de wortels gaan rotten.

Photos Horticultural

VERZORGING

Snijd niet in de harde delen van oud hout, maar verwijder na de bloei de bloemhoofdjes van lente- en winterbloeiende heide. Laat zomer- en herfstbloemen zitten, want die blijven ook in de winter mooi.

Knip de planten lichtjes met een scherpe, schone tuinschaar om de vorm te handhaven.

kening op schaal maken en uw kleurenplan op papier uitwerken voor u gaat planten.

Een informeel pad van stapstenen in het gras door de heidebedden maakt elke tuin aantrekkelijk.

Als u geen hellend terrein hebt, kunt u zelf een natuurlijke helling en kleurenzee creëren door cultivars te kiezen van verschillende hoogte.

Plant lage heide voorin het bed, daarachter steeds hogere soorten en de hoogste helemaal achteraan.

Plant ook wat traaggroeiende dwergconiferen voor een mooi totaalbeeld: een paar heidebomen en andere leden van de heidefamilie, waaronder *Pernettya mucronata* met zijn helderroze of witte bessen, en een paar lagere rododendrons completeren uw heidebed.

Heide onder bomen

Als u de ruimte hebt, geef een bosje zilverberken dan een onderbeplanting van heide en creëer een verbluffende blikvanger. De berk is een van de weinige bomen die met heide gecombineerd kan worden, omdat zijn smal opgaande vorm en kleine bladeren de heide het zonlicht niet ontnemen. De schors van de zilverberk combineert goed met de kleuren van heideplanten.

Als u een kleine tuin hebt, is de winterbloeiende kers *Prunus subhirtella* 'Autumnalis' ook een geschikte partner voor heide. De rozewitte herfst- en winterbloemen worden weerspiegeld in de tere vormen en kleuren van de winterbloeiende heidesoorten. Ook de toverhazelaar is een goede kandidaat voor een heidetuin.

Als uw tuin groot genoeg is om een breed scala van heideplanten te herbergen, zal uw tapijt van kleur het hele jaar door veranderen. Als u een kleine heidetuin wilt, beslis dan welk seizoen u wilt accentueren en plant variëteiten die een optimaal effect sorteren. Plant heide voor winter- en lentekleur op plekken waar u ze vanuit huis kunt zien.

Boomheide (*Erica arborea*) is een prima blikvanger. Hij zal alleen niet goed gedijen in extreem koude streken –net als alle heideplanten overigens– en prefereert een zure grondsoort.

Als uw grond erg kalkrijk is, kunt u nog altijd heide in kuipen planten. Calluna vulgaris *(links) gedijt prima in de zorgvuldig beheerste omstandigheden van een kuip. Omdat het een klein oppervlak betreft, is het gemakkelijk om voor voldoende water, goede drainage en de juiste zuurgraad te zorgen. Gebruik heidecompost om de heide gezond te houden.*

Hij kan 3,5 m groot worden en heeft geurende, witte bloemen. Boomheide kan in een mooie vorm gesnoeid worden. Steun jonge planten om te voorkomen dat de wind ze omverblaast.

Wintertapijt

Alle cultivars van de winterbloeiende *Erica carnea* syn. *E. herbacea* zijn uitstekende bodembedekkers. Ze verdragen alkalische grond als die niet te ondiep is. *E. carnea* 'Aurea' heeft glanzende, goudgele bladeren en donkerroze bloemen. Om een mooi effect te krijgen, moet u vijf planten per vierkante meter poten.

'January Sun' voorziet kuipen en borders van een schitterende, goudkleurige wintertooi en een fontein van roze lentebloemen. Deze variëteit is erg compact en daarom hebt u zo'n zeven planten per vierkante meter van nodig. 'Springwood Pink' vormt met zijn donkergroene blad en massa's roze bloemen al snel een glorieus tapijt van kleur en verricht zowel in kuipen als in heidebedden nuttig werk. Plant er 'Springwood White' bij vanwege zijn witte bloemen en frisgroene

Eric Crichton

Beplant een groot stuk met heidestruikjes om een ongebruikelijk, heuvelachtig landschap te creëren (rechts). Uiteindelijk zullen de struiken een tapijt van blad en bloemen vormen. Erica *x* darleyensis *'J.W. Porter' (rechts) is een uitstekende bodembedekker en een uiterst betrouwbare tuinhybride van 45 cm hoog en ruim 90 cm breed die zelfs kalk verdraagt.*

ERFECTE PARTNERS

Dwergconiferen met fraai gekleurd blad verschaffen een scherp contrast in textuur en helpen u hoogteverschillen te creëren.

Abies procera 'Glauca prostrata' (links) heeft zure grond nodig, waardoor hij de ideale partner is voor de meeste heidesoorten. Het is een lage, kruipende plant die goed past bij goudgele bladheide (rechts).

Een kruipende dwergjeneverbes, *Juniper horizontalis*, biedt een aromatisch tegenwicht aan de meeste heidesoorten.

Derek Gould

Photos Horticultural

Als u maar een kleine tuin hebt, kunt u door zorgvuldig plannen toch een kleurrijk en gevarieerd heidebed creëren (boven). Kies soorten die qua kleur en vorm zo veel mogelijk verschillen. Sommige vormen nette bolletjes, andere zijn spijkervormig. Contrasterende heidesoorten die in verschillende seizoenen bloeien, maken het bed het hele jaar door interessant. Om de bolletjes netjes te houden, snoeit u ze na de bloei (rechts).

blad. Beide variëteiten zijn harde groeiers: neem er drie van per vierkante meter.

Als uw tuin niet kalkvrij is en u wilt toch heide planten, neem dan soorten die geen zure grond vereisen. *E. carnea* en zijn variëteiten, *E. erigena* syn. *E. mediterranea*, *E. terminalis* syn. *E. stricta* en *E.* x *darleyensis* en hun variëteiten zijn allemaal de moeite van het proberen waard. Op de variëteiten van *E. carnea* na zijn deze heidesoorten vrij groot en kunt u ze het beste solitair planten.

Heide in een rotstuin

Bij een rotstuin is uw hoofddoel kleur en bodembedekking het hele jaar door. Plant twee of drie planten van dezelfde soort voor een fraai bloeiend stukje tuin.

Lage heide zal de rotsen niet overweldigen en bedekken; in plaats daarvan zullen ze beter afsteken tegen de heide en zo een fraai contrast creëren. *E. carnea* 'Myretoun Ruby' met zijn donker rozerode lentebloemen vormt een prachtige ondergrond waar kleine lentebollen doorheen kunnen groeien. Na de bloei wordt hun blad verhuld door de bladeren van de heide.

Kleine winterbloeiende cyclamen, krokussen en irissen zijn mooie lentepartners in een rotstuin.

Kuipheide

Een kuip op de patio is een prima plek voor heide en dwergconiferen, omdat u de ideale omstandigheden in het klein kunt nabootsen. Neem geen variëteiten die te hoog worden of te snel breed uitgroeien en plant van elk één of twee per kuip.

Ook in bloembakken staat heide heel goed. Wissel roze met witte heide af om een gemengd effect te krijgen of gebruik gewoon één kleur en onderbreek die met kruipende, bonte hulst.

Poreuze kuipen, bijvoorbeeld van ongeglazuurd aardewerk, zijn het best voor heide, omdat de grond daarin niet drassig wordt. Breng een goede laag drainagemateriaal op de bodem van de kuip aan. Gebruik bij voorkeur heidecompost. Vul de kuip voor de helft, druk het compost stevig aan en zet de planten erin, waarbij de bovenkant van de wortelkluit net iets onder de rand van de kuip moet zitten.

Vul de kuip met compost en druk het aan. Geef water met een fijne broes zodat u het compost niet verstoort.

Water geven is cruciaal voor de overlevingskansen van een kuipplant. De kuip mag noch vol water noch helemaal droog staan, anders verliest de plant haar blad en uiteindelijk haar leven.

Hulst voor elk seizoen

De scharlaken bessen en glanzende, prikkende bladeren van de hulst worden altijd geassocieerd met Kerst, maar hulst kan op nog veel meer manieren van pas komen.

Collections/Patrick Johns

Het glinsterend groene blad en de helderrode bessen van de gewone hulst (*Ilex aquifolium*) horen bij het traditionele aanzicht van de wintertuin. Er zijn echter veel meer hulstsoorten en -variëteiten die u bijzondere bladeren en bessen kunnen bieden.

Niet alle hulstsoorten hebben effen groen blad. Vele hebben bladeren met goudcrème of zilveren randen, of bladschijven die een volgroeide plant veranderen in één brok warme, gloeiende kleur. Sommige soorten zijn bladverliezend, andere groenblijvend.

Hulstbladeren zijn niet allemaal even stekelig. De stekeligste is de egelhulst (*I. aquifolium* 'Ferox'), een mannelijke plant met paarse lentescheuten en stekels over het hele blad. Andere soorten zijn volkomen glad.

Hulstbessen zijn niet alleen scharlaken, maar kunnen ook donkerrood, oranje, geel en zelfs zwart zijn.

Om optimaal van de charme van de hulst te genieten, planten veel mensen hem dicht bij huis. Misschien omdat ze weten dat onze voorouders hulst bij de voordeur plantten om de bliksem weg te houden!

Hulst in de tuin

Gewone hulst kent veel variëteiten en kan een struikvormige, 20 m hoge boom worden als hij niet ingetoomd wordt. Ook *I.* x *altaclarensis* is in vele vormen verkrijgbaar; deze hybride is re-

De berijpte bladeren en bessen van de hulst tonen hun winterschoonheid. Hulst werd al in heidense tijden als feestelijke decoratie gebruikt, en men gelooft dat hij leven kan geven en geluk brengt.

Goede ideeen

INGEVROREN HULST

Wanhoop niet als de vogels te veel van uw hulstoogst genieten en de takken kaal vreten voor u de kerstbessen kunt oogsten.

Snijd voldoende takken af voor uw kerststukje, doe ze in plastic zakjes en vries ze in voor later gebruik.

Derek Gould

sistent tegen verontreiniging en winterhard. Hij is kleiner dan gewone hulst en heeft een spits toelopende, piramide-achtige vorm. Deze twee leveren de gangbare tuinvariëteiten, maar er zijn meer soorten.

Japanse hulst (*I. crenata*) wordt bijvoorbeeld 4,5 m hoog, maar groeit traag en is geschikt voor kuipen.

Beshulst (*I. verticillata*) is een bladverliezende heester met uitlopers die zich vlak boven de grond vormen. Zijn verder kale herfsttakken zijn bedolven onder de heldere bessen die van de vroege tot de late winter voor kleur zorgen.

Mannelijk of vrouwelijk

Het duurt een paar jaar voor hulst zich op zijn gemak voelt in een tuin en begint te bloeien. Om kleurrijke bessen te krijgen voor feestversiering, hebt u een mannelijke en een vrouwelijke plant nodig; de meeste hulstvariëteiten zijn eenslachtig.

Maakt u zich geen zorgen als u weinig ruimte hebt, want er zijn twee uitzonderingen die zelfbestuivend zijn. *I. aquifolium* 'J.C. van Tol' en 'Pyramidalis' produceren beide geheel zelfstandig een overvloed van rode bessen. Zowel de mannelijke als de vrouwelijke hulst krijgen kleine witte lentebloemen. Als u niet weet of uw gewortelde hulst mannelijk of vrouwelijk is, bestudeer de bloemen dan nauwgezet. Als ze meeldraden met stuifmeel hebben, zijn het mannetjes; als ze die niet hebben vrouwtjes.

Hulst vormt een dichte dieren inbrekerbestendige haag. U kunt een effen groene hulst nemen of een van de vele bonte variëteiten om een lichte glanzende afrastering te maken.

Combineer *I. aquifolium* 'Handsworth New Silver', een vrouwelijke plant met crèmegerand groen blad, met minstens één 'Silver Queen' –mannelijk, ondanks zijn naam– en u hebt 's winters een overvloed van helderrode bessen. Eén mannelijke plant kan vele vrouwelijke bestuiven. Voor een lange grenshaag hebt u maar één mannelijk plant nodig op 24 vrouwelijke.

Poot de planten op 50 cm afstand en snoei ze midden zomer met een snoeischaar. Als de planten de gewenste hoogte bereikt hebben, snoei dan niet alleen de zijkant, maar ook de bovenkant.

Hulstborders

Hulst kan een erg effectieve plant zijn in een gemengde heesterborder. Zelfs effen groene hulst vormt een glanzende en groenblijvende achtergrond voor andere heesters.

Bonte variëteiten vereisen volle zon, maar daarvoor belonen ze u met meer kleur. Voor goudgele bontbladigen kiest u uit *I. aquifolium* 'Golden Milkboy' (mannelijk), 'Golden Queen' (mannelijk), 'Madame Briot' (vrouwelijk) en 'Golden van Tol' (vrouwelijk).

'Handsworth New Silver' (vrouwelijk) is een multifunctionele variëteit voor de kleine tuin. Ze heeft crème bladranden en is zeer besrijk. Ge-

Veiligheid voor alles

NIET VAN DE BESSEN ETEN

Hulstbessen werden in oude kruidenboeken aanbevolen als een krachtig braakmiddel.

Houd ze uit de buurt van kinderen en huisdieren, want het eten van de bessen veroorzaakt hevige misselijkheid en kan fataal zijn.

Met al zijn stekels prikt de egelhulst het ergst van allemaal. De bladeren van I. aquifolium *'Ferox Argentea' (boven) hebben een fraaie crème rand.*

De bladverliezende I. verticillata, *beshulst (rechtsboven), heeft zaagvormige, lichtgroene bladeren, maar is het bekendst om zijn bessen die de hele winter aan de kale takken blijven zitten.*

I. aquifolium *'Pyramidalis'(boven, uiterst rechts) is zelfbestuivend en rijk aan rode bessen. Hij wordt maar 6 m hoog en is daarom erg geschikt voor de kleine tuin.*

*Met Japanse hulst (*I. crenata*) verfraait u het landschap of maakt u een mooie haag. De dwerg 'Golden Gem' (rechts) heeft goudgele bladeren en gedijt goed in een kuip.*

Photos Horticultural

Photos Horticultural

Derek Gould

AANBEVOLEN VARIETEITEN

Ilex aquifolium heeft glanzende, groene bladeren met stekels en een smal opgaande vorm. Hij wordt tot 20 m hoog en de vrouwelijke plant produceert rode bessen als er een mannetje is.
'J.C. van Tol' heeft donkergroene, licht stekelvormige bladeren. Hij is zelfbestuivend en levert veel rode bessen. U kunt hem solitair, in een kuip of als haag planten.
'Argentea Marginata' (vrouwelijk) is zuilvormig met donkergroene, zilvergerande bladeren. Nieuwe bladeren zijn in de lente roze.
'Handsworth New Silver' (vrouwelijk) is ook zuilvormig en heeft stekelige, witgerande bladeren. Zeer geschikt voor de kleine ruimte.
'Pyramidalis' is zelfbestuivend en wordt tot 6 m hoog. Licht stekelige, groene bladeren, veel rode bessen.
'Amber' (vrouwelijk) krijgt oranje bessen.
'Pyramidalis Fructo Luteo' heeft groene bladeren en trossen gele bessen.
'Flavescens' (vrouwelijk) heeft donkergroene bladeren die een gele blos hebben als ze jong zijn. Heeft veel licht nodig en wordt 6 m hoog.
'Golden Queen' (mannelijk) heeft een dichte, ovale vorm en groene, geelgerande bladeren.
'Madame Briot' (vrouwelijk) heeft goudgerande bladeren en donkerrode bessen.

I. x *altaclarensis* 'Golden King' (vrouwelijk) heeft nieuwe scheuten met een paarse blos en bladeren met geelcrème randen. Krijgt niet veel vruchten, maar is een prachtige blikvanger.
'Wilsonii' (vrouwelijk) heeft stekelige, groene bladeren en donkerrode bessen. Te gebruiken als haag.
'Camelliifolia' (vrouwelijk) groeit in de vorm van een piramide en is daarmee een uitgesproken architectonische prachtboom. Heeft grote, donkerrode vruchten en diep glanzende, gladde bladeren.

ORGANISCH TUINIEREN

SCHERPE PRIKKEL

Als muizen aan uw bollen knagen of uw pronkerwten en erwtenzaad stelen, bestrijd ze dan met hulstbladeren.

Breng bij het planten van bollen boven en onder de bollen een laag oude hulstbladeren aan. Leg ook hulst langs rijen erwten en geulen met pronkerwten: men zegt dat de stekels de muizen weghouden.

Een ring van hulst voorkomt ook dat honden en katten rond uw kostbare planten gaan graven.

bruik haar als haag of als solitaire blikvanger in een gazon.

Hulst groeit traag, dus staan solitaire blikvangers er in een groot grasveld een tijdje wat verloren bij.

Als ze aangeslagen zijn, worden het statige bomen, maar u kunt de grootte beheersen door te snoeien.

Een nadeel van groenblijvende hulstsoorten is dat ze begin zomer een paar oude bladeren verliezen. Als die door de wind verspreid zijn, kunnen ze bij het wieden pijnlijk opduiken. Om dit te vermijden, neemt u hulst met relatief glad blad, zoals *I.* x *altaclarensis* 'Camelliifolia' of 'Golden King', allebei mooie, vrouwelijke planten. Zet dus ook een mannelijke plant in de buurt als u bessen wilt hebben.

Voor gladde bladeren en een mooie vorm neemt u een van de zelfbestuivende hulstvariëteiten: 'J.C. van Tol' of 'Pyramidalis'.

Een bessenschat

Rood is de kleur die met hulstbessen wordt geassocieerd, maar er vallen nog veel meer kleuren te ontdekken. Als u mooie, heldergele bessen wilt, plant u *I. aquifolium* 'Bacciflava' of 'Pyramidalis Fructu Leo'.

Wilt u oranje bessen, plant dan 'Amber', en wilt u zwarte

Peter McHoy

bessen, plant dan Japanse hulst (*I. crenata*) en de variëteiten 'Convexa' en 'Helleri'. Door de breed uitgroeiende, lage vorm kunt u met deze planten heel goed de contouren van het huis en de patio verzachten. U kunt ze ook tot een haag laten groeien.

Hulst in de kuip

Voor een kuip op de patio neemt u een van de *I. crenata*-variëteiten, zoals 'Golden Gem', die geelgroen blad heeft.

I. aquifolium 'Silver Queen' (mannelijk) doet het met zijn bladeren met zilveren randen ook goed in een kuip. U geniet het meest van de roze luister

De naamgeving van I. aquifolium *'Golden Queen' en* I. altaclarensis *'Golden King' (boven) is erg verwarrend. De eerste soort is mannelijk en de tweede vrouwelijk.*

I. aquifolium *'Amber' (rechtsboven) is een van de mooiste hulstsoorten. Zijn helderoranje bessen zijn in de winter erg opvallend.*

I. aquifolium *'Handsworth New Silver' (rechts) heeft stekelige, groene bladeren met fraaie crème randen. Hij vormt een goede haag of solitair en is geschikt voor de kleine tuin.*

PERFECTE PARTNERS

Bontbladige hulst en de miniatuur-stamroos *Rosa* 'Baby Masquerade' kunnen bijzonder effectief zijn in de zomer en herfst: de hulst krijgt kleur als de rozen verschieten.

van nieuwe scheuten en lentebladeren als u de kuip vlak bij uw huis zet.

Breng een laag drainagemateriaal aan in de kuip en vul hem met leemhoudend compost. Houd de plant goed vochtig totdat ze geworteld is. Daarna moet u haar nog steeds regelmatig begieten, alleen minder vaak. Koop hulst potgekweekt en poot de plant snel, want als de wortels verstoord worden, krijgt ze een terugval. Voor het fraaiste bonte blas en grootste besoogst zet u de plant in de volle zon. Plant haar in voor- of najaar in goed doorlatende tuinaarde. Geef jonge planten het hele groeiseizoen ruim water, zodat ze snel wortelen. Bontbladige planten zijn trager dan groene, maar als ze eenmaal geworteld zijn, groeien ze prima.

Bescherm jonge planten in de winter tegen droge, ijzige wind. Verwijder dood of beschadigd hout in de lente. Snoei hagen in de nazomer en snijd in de vroege winter wat takken af als feestversiering.

Photos Horticultural

Harry Smith Collection

PLANTPROFIEL

Geschikte plek en grond Groenbladige hulst groeit in zon en schaduw, maar voor veel bessen is zon het best, terwijl bontbladige hulst zon nodig heeft. Alle hulstsoorten gedijen in leemachtige, goed gedraineerde tuingrond.

Planten Koop potgekweekte hulst en plant hem in voor- of najaar. Beschut jonge struiken 's winters met een scherm van jute tegen schrale wind. Bij droogte goed nat houden totdat de plant aangeslagen is.

Verzorgen Hulst is lastig om te snoeien, maar u kunt hem dan ook beter zijn natuurlijke vorm laten aannemen. Snoei lelijk groeisel halverwege de winter terug om voor feestversiering te gebruiken.

Snijd dood of beschadigd hout in de lente af. Verwijder egaal groen groeisel meteen.

Vermeerderen Hulst groeit traag, en de groei wordt geremd als de wortels gestoord worden. Vermeerdering is dus een lange-termijnproces. Neem in de nazomer halfrijpe hielstekjes van 8 cm lang.

Laat ze in een koude bak met een mengsel van turf en zand wortelen. Plant gewortelde stekken in de lente in een kweekbad of op hun bestemming. Hulst houdt niet van verhuizen.

U kunt ook takken afleggen om een moederstam te creëren, maar het duurt twee jaar voor u daar enten van kunt nemen. U kunt hulst ook opkweken uit zaad, maar dat duurt erg lang.

Ziekten en plagen Lelijke plekken op bladeren worden veroorzaakt door de larven van de mineervlieg. Honingzwam en bladvlekken kunnen hulst aantasten.

TUINTIPS

BLAD-VERANDERING

Veel hulstsoorten hebben gladgerande bladeren met weinig stekels.

De andere zijn extra stekelig bij de onderste takken, waar dieren schade aan kunnen brengen. Hogerop zijn de bladeren minder stekelig.

Dominante hortensia's

De indrukwekkende, bolvormige bloemhoofden van Hortensia hydrangea *zijn een bekend gezicht in de tuin, maar dit fascinerende geslacht heeft nog veel meer te bieden.*

Photos Horticultural

Hortensia's zijn heesters die worden gekweekt om hun decoratieve bloemen. Deze prachtige heesters kunt u op verschillende manieren gebruiken: grote variëteiten doen het goed als onderdeel van een heesterperk of achterin een gemengde border of perk met overblijvende planten. Ze staan vaak naast hekken en ingangen om de bezoeker te verwelkomen.

Sommige kleinere soorten gedijen goed in kuipen –ze worden in hun groei belemmerd door de krappe ruimte en door het snoeien in de herfst– terwijl andere gedijen als kamerplant in een koele, tochtvrije kamer of serre. Eén soort klimt zelfs tegen de muur; *H. petiolaris* is winterhard en krijgt 's zomers kantachtige, witte bloemen. Hij hecht zich op soortgelijke wijze vast als de klimop en is zeer geschikt om een grote, kale muur op te sieren. Het is een van de weinige klimmers die gedijen in de schaduw.

Maar de hortensia's die je het meest in tuinen ziet, zijn eigenlijk allemaal variëteiten van *H. macrophylla.* Dit geslacht wordt onderverdeeld in 'echte' hortensia's en lintekapjes.

Mooie hortensia's

Echte hortensia's zijn het gemakkelijkst te herkennen; de grote, opvallende bloemen kun je niet over het hoofd zien. Deze prachtige heesters worden al eeuwenlang door tuiniers gekoesterd en voelen zich evenzeer thuis in een stedelijke omgeving als op het platteland.

De grote, bolvormige bloemhoofdjes bestaan uit dichte bossen van voornamelijk sterie-

De kleur van veel hortensia's wordt beïnvloed door de pH-waarde van de grond, die het vermogen van de plant om ijzer op te nemen beïnvloedt, dat essentieel is voor blauwe bloemen. IJzer is aanwezig in zure grond, waar variëteiten als 'Générale Vicomtesse de Vibraye' prachtige tinten blauw en lila tonen (rechts). Bloemen worden in zeer alkalische grond niet blauw omdat ijzer daar zit 'weggestopt'. Tussen deze twee uitersten kunnen roze en blauwe bloemen aan dezelfde struik komen (links). De crème hoofdjes op beide foto's zijn nog niet helemaal open.

Eric Crichton

PLANTPROFIEL

Geschikte plek en grond De meeste variëteiten gedijen in zon of lichte schaduw. Halfschaduw is het beste als de plek aan de droge kant is.

Verdraagt bijna elke grond, zolang die vochtig en goed gedraineerd is.

Planten Graaf een kuil die zo groot is dat de wortels er gemakkelijk in kunnen en werk rijk compost en zand door de grond. Plant in de vroege herfst. Potgekweekte variëteiten kunt u te allen tijde planten zolang de grond nog een beetje warm is.

Verzorgen Veel populaire variëteiten zijn licht vorstgevoelig, dus bescherm de wortels de eerste paar winters tot ze volgroeid zijn. In gebieden met strenge winters moet u òf de wortels beschermen door ze met stro te bedekken òf de plant in een kuip kweken die u naar binnen kunt halen.

Verwijder dode bloemhoofden. Snoeien is niet strikt noodzakelijk, maar verwijder al het dode of door vorst aangetaste hout door in de lente lichtjes terug te snoeien tot gezonde knoppen. Vormsnoei geschiedt op dezelfde wijze.

Hortensia's hebben in het groeiseizoen veel vocht nodig. Geef water in droge perioden en mulch in de vroege lente om vochtverlies bij de wortels te voorkomen. Niet te dicht bij dorstige bomen planten.

Kuipplanten hebben in het groeiseizoen geregeld voedingsstoffen en water nodig. Vroeg in de lente hebben ze allemaal baat bij een laagje verteerde mest of compost.

Vermeerderen Door zachte stekjes in de zomer. Neem stevige, niet-bloeiende scheuten van ca. 8 cm lang. Snijd precies onder een knoop of knoest en verwijder de onderste bladeren. Plant stekjes in stekcompost en laat ze wortelen bij een milde temperatuur, 16°C.

Ziekten en plagen Wantsen hebben het op jonge blaadjes voorzien en veroorzaken misvorming. Ze tasten ook jonge bloemknoppen aan, wat leidt tot misvormde bloemen. Gebruik een winterspoeling of een daartoe geëigende spray in het voorjaar.

Meeldauw kan ontstaan als de omstandigheden te droog zijn. Behandel meeldauw meteen of voorkom de ziekte door na begieting te sprayen met een preventief, systematisch fungicide.

Brigitte Thomas/Garden Picture Library

Sommige variëteiten zijn licht vorstgevoelig, maar floreren in kuip, kas of serre, mits ze goed gesnoeid zijn (links).

De roze 'Altona' (onder) is ongeschikt voor een kuip. Hij groeit uit tot een grote struik die tijdens het seizoen overstelpt wordt door witte bloemhoofdjes.

John Glover/Garden Picture Library

le bloemen. De kleur hangt af van de variëteit en van de grond.

Witte variëteiten reageren niet op de grond, maar andere worden blauw, paars, roze of rood, afhankelijk van de zuurgraad van de grond. Zure grond met veel ijzer geeft u verrassend blauwe of paarse bloemen, terwijl alkalische of neutrale grond luisterrijke roze of rode bloemen oplevert. Dat komt doordat ijzer in niet-zure grond niet gemakkelijk door de wortels kan worden opgenomen.

Er bestaan tientallen cultivars van *Hortensia hydrangea*, variërend van kleine, compacte planten tot omvangrijke heesters.

Een van de kleinere soorten is 'Ami Pasquier', die 1,3 m hoog en breed wordt. Deze schitterende variëteit krijgt hartje zomer haar donkerkarmozijne of blauwpaarse bloemen.

'Générale Vicomtesse de Vibraye' is volgroeid 1,5 m breed en even hoog. Hij bloeit in de tweede helft van de zomer en de bloemen zijn of bleekroze of bleekblauw.

'Blue Bonnet' is een echte struik van 1,5 m hoog. Hij krijgt in de tweede helft van de zomer bloemen, die donkerblauw of donkerroze zijn.

Een van de betere witte variëteiten is 'Mme E. Mouillère', waarvan de schitterende bloemen bleekroze worden. Deze plant houdt van lichte schaduw.

De ondersoort *H. m. serrata* 'Preziosa' heeft witte bloemen die prachtig karmozijn worden als ze volgroeid raken.

Fraaie lintekapjes

De bloemen van lintekapjes wijken sterk af van die van andere *H. macrophylla*-variëteiten. De plant heeft platte, open bloemen met kleine, vruchtbare bloempjes in het midden en grotere, steriele bloemen aan de buitenkant. En dankzij deze bloemhoofdjes heeft deze erg mooie struik een fijnere geur dan hortensia's.

Net als hortensia's zijn lintekapjes bladverliezend, en de

AANBEVOLEN VARIETEITEN

Hortensia's
'Altona' rooskleurig.
'Ami Pasquier' scharlaken of paarsblauw.
'Blue Bonnet' diepblauw of roze.
'Générale Vicomtesse de Vibraye' bleekroze of bleekblauw.
'Goliath' dieproze of blauwpaars.
'Preziosa' roze, verkleurt naar scharlaken.

Lintekapjes
'Blue Wave' blauw of roze.
'Lilacina' donkerlila in het midden; wit aan de buitenkant.
'Mariesii' diepblauw of roze.
'Veitchii' lila in het midden, wit tot roze aan de buitenkant.
'White Wave' wit.

Hydrangea-soorten
H. aspera villosa opgaand met blauwpaarse binnenste en witte buitenste bloemen.
H. involucrata 'Hortensis' compacte laatbloeier; crème, groen en roze.
H. paniculata losse, witte kegelvormige bloemen; goede variëteiten zijn 'Brussels Lace', 'Floribunda' en 'Grandiflora'.
H. petiolaris groenwitte klimmer met getande bladeren.

David Russell/Garden Picture Library

Hydrangea villosa *(boven), een hoge, opgaande struik, is winterhard en heeft lintekap-bloemhoofden.*

'Lilacina' (rechtsboven) is een van de mooiste lintekapjes, met blauw- en paarsgetinte bloemhoofden in de nazomer.

De roze bloemen van H. macrophylla serrata *'Preziosa' worden donkerscharlaken als ze volgroeid zijn en worden fraai aangevuld door bronzen tinten in de vroege herfst (rechts).*

Derek Gould

Harry Smith Collection

zuurgraad en het ijzergehalte van de grond beïnvloeden de kleur van de bloemen, behalve bij witte variëteiten. Als hij ruim ijzer krijgt, heeft 'Blue Wave' in de tweede helft van de zomer donkerblauwe bloemen, en anders roze of lila bloemen. Het is een vrij grote struik van 1,5 m hoog en 2,4 m breed.

De mooie 'Veitchii' is ongeveer even groot en heeft lilablauwe bloemen omkranst door witte schutbladen die roze worden als ze volgroeid raken. 'Veitchii' houdt van lichte schaduw, net als 'Lilacina', waarvan de fraaie zomerbloemen in het hart donkerlila zijn en aan de buitenkant wat bleker.

Winterhardheid

De meningen over de winterhardheid van *H. macrophylla* en al zijn variëteiten lopen uiteen. Sommige autoriteiten op het gebied van tuinieren stellen dat de soort alleen zachte winters op beschutte plekken kan overleven, anderen maken dat voor-

KWEEKTIPS

ECHT BLAUW

Echt blauwe bloemen kom je niet veel tegen in de plantenwereld, en daarom zijn plantenkenners en tuiniers er ook zo naarstig naar op zoek.

Enthousiastelingen met alkalische of neutrale grond kunnen met *H. microphylla* experimenteren om zo min of meer naar believen blauwe bloemen te krijgen. Daarvoor is alleen een blauwmaker nodig, die bij elk tuincentrum verkrijgbaar is. Daarmee moet u de plant geregeld begieten anders worden de bloemen weer roze.

Cottage-tuiniers begroeven altijd oude ijzeren nagels onder hun hortensia's om blauwe bloemen te krijgen.

Sommigen slaagden erin om blauwe en roze bloemen aan één struik te krijgen.

PERFECTE PARTNERS

Vanwege hun overheersende kleuren en hun struikvorm zijn er maar weinig geschikte partners voor hortensia's, maar het wit van 'Madame Emile Mouilière' contrasteert volmaakt met de scharlaken geraniums.

Derek Gould

Photos Horticultural

behoud niet. De waarheid is dat de soort halfwinterhard is.

Op een goed beschutte plek in een tuin op het noorden kan een hortensia jarenlang prima gedijen, maar een onbeschutte plek in een tuin op het zuiden kan hem al in zijn eerste levensjaar fataal worden.

De enige manier om erachter te komen of een hortensia in uw tuin kan overleven, is door het te proberen. U kunt voorzorgsmaatregelen nemen door de wortels in de eerste twee à drie jaar met stro te beschermen totdat de struik volledig geworteld is.

In gebieden met koude, strenge winters kunt u een kleine hortensia in een kuip kweken en die in de wintermaanden naar binnen halen.

Reserveplanten

U kunt ook uw plant in de eerste paar jaar in een pot kweken en dan in de zomer een aantal stekjes nemen. Als de stekjes wortel hebben geschoten, kunt u het risico nemen en de moederstruik in een border of heester planten. Als de plant door vorst beschadigd wordt, hebt u reserveplanten waarmee u op andere plekken in uw tuin kunt experimenteren. Houd altijd een potgekweekte solitair achter de hand als moederplant in geval van nood.

Niet alleen, maar ook

Hoewel *H. macrophylla*-variëteiten het meeste voorkomen, zijn er ook andere soorten die goede tuinplanten vormen.

H. aspera villosa syn. *H. villosa* is een opgaande, bladverliezende heester die 3 m hoog wordt. Hij is smal bij de voet, maar groeit breed uit tot een doorsnede van 3 m.

In de vroege herfst krijgt hij blauwe of paarse bloemen in het midden en witte aan de buitenkant, soms met een paarsroze blos. Deze mooie heester houdt van vochtige, goed gedraineerde grond en lichte schaduw. Hij kan goed tegen een streng klimaat en is volledig winterhard.

Een andere mooie winterharde soort is *H. paniculata.* 'Brussels Lace' heeft bijzonder delicate, witte, kantachtige bloemen. 'Floribunda' is een andere fraaie witte variëteit, maar is minder winterhard dan 'Brussels Lace'; kijk dus altijd goed wat er op de labels staat.

'Grandiflora' is volledig winterhard en heeft grote, kegelvormige pluimen van witte bloemen die roze of rood worden als ze volgroeid raken. Deze variëteit moet in de lente stevig worden teruggesnoeid om de indrukwekkende bloemenpracht te behouden.

Als ruimte schaars is, kunt u de compacte *H. involucrata* 'Hortensis' nemen, die u niet mag verwarren met de 'echte' hortensia's. Deze variëteit heeft schitterende trossen roze, groene en crèmekleurige bloemen in de nazomer en herfst, is licht vorstgevoelig en is een goede kandidaat voor een kuip.

H. paniculata *onderscheidt zich van andere hortensia's doordat zijn bloemen losse, kegelvormige pluimpjes vormen en niet plat of koepelvormig zijn. 'Floribunda' (linksboven) is vorstgevoeliger dan 'Brussels Lace', de andere veel gekweekte variëteit.*

'Ami Pasquier' (boven) is een kleine H. macrophylla, *maar zijn koepelvormige bloemhoofden zijn net zo imposant als die van zijn soortgenoten.*

Het lintekapje 'Blue Wave' groeit normaal als bolle struik van ruim 2 m hoog, maar hij kan ook tegen een muur opklimmen, zoals op de foto rechtsboven, waar hij fraai over de muur in een andere tuin hangt.

H. involucrata *'Hortensis' met zijn verwarrende naam (rechts) heeft delicaat gekleurde bloemen die meer op die van lintekapjes lijken dan op die van hortensia's.*

Photos Horticultural

Photos Horticultural

KWEEKTIPS

BAKJE TROOST

Als variëteiten van *Hydrangea macrophylla* in uw tuin maar niet willen aanslaan, omdat de winters te streng zijn of de tuin te onbeschut is, geef de moed dan toch niet op. Deze prachtige planten groeien ook binnenshuis.

Neem een fraaie pot en zorg voor goede drainage. Gebruik rijk compost van goede kwaliteit. Geef in het groeiseizoen geregeld water en voedingsstoffen. Snoei na het groeiseizoen stevig terug en geef weinig water tijdens de rustperiode.

Breng in de vroege lente een laag rijke humus op de grond aan en begin weer met het geven van water en voedingsstoffen. Verpotten indien noodzakelijk.

Geef de hortensia volop licht, maar stel hem niet bloot aan direct zonlicht. Hij houdt van koele omstandigheden.

Seringen voor lentekleur

Door hun opvallende bloemen en bedwelmende geur zijn seringen nu nog even geliefd als toen ze begin deze eeuw geïntroduceerd werden.

Harry Smith Collection

Het is geen wonder dat de sering de lievelingsheester van zoveel mensen is. De spectaculaire bloemen groeien in grote aren of pluimen en hebben ontelbare subtiele kleuren, voornamelijk tinten lavendel, violet en paars, maar ook donkerrood, bleekgeel, lila en zuiverwit. Bovendien hebben alle seringen een heerlijke geur en zijn het goede snijbloemen.

Schoonheden in de tuin zijn vaak pietluttige, lastig te kweken planten, maar dat geldt niet voor seringen. De sering is uitgesproken winterhard en floreert in bijna elke goed doorlatende grond; ook staat hij onverschillig tegenover de hoeveelheid zon of schaduw die hij krijgt. Jaar na jaar verschijnen de weelderige bloemen in overvloed zonder dat ze jaarlijks deskundig gesnoeid hoeven te worden.

Als de sering al een fout heeft, is het dat hij soms te enthousiast is –de boerensering kan een heleboel uitlopers vormen en te groot worden voor een kleine tuin–, maar dat probleem is gemakkelijk oplossen door een minder krachtige variëteit te nemen of een dwergvorm.

Te veel keuze

De grote familie der seringen omvat een aantal verschillende soorten en hybriden, maar de populairste zijn de ontelbare tuinseringen – variëteiten van de boerensering, *Syringa vulgaris.*

Men zegt dat dit de vader is van meer hybriden dan enige andere heester – meer dan 500, hoewel maar een klein percentage ervan commercieel verkrijgbaar is.

De meeste worden 3,5 m hoog en breed. Het verschil zit voornamelijk in de kleur van de bloemen en in hun bloeiwijze: enkel of dubbel. De bladeren zijn ook aantrekkelijk en doorgaans groot en hartvormig met een fris uitziende, lichtgroene kleur. De bloeitijd begint al vroeg – afhankelijk van de variëteit halverwege de lente of begin zomer.

Catalogi verdelen seringen vaak onder in enkel- en dubbelbloemige variëteiten, maar de bloemetjes zijn klein en zijn alleen zo effectief omdat ze aan dichte pluimen zitten. Dus is

Photos Horticultural

Harry Smith Collection

PLANTPROFIEL

Geschikte plek en grond Elke vruchtbare grond met goede drainage, maar een kalkrijke grond is ideaal. Liefst volle zon, maar halfschaduw kan ook.
Planten Voeg ruim beendermeel toe.
Verzorgen Jaarlijks snoeien is voor bloei niet noodzakelijk, maar zorgt er wel voor dat de struik niet doorschiet en verwildert. Zodra hij in de lente begint te groeien, snoeit u het nieuwe hout terug tot een knoppenpaar om een struikvorm te krijgen — de plant groeit alleen aan de toppen van nieuwe scheuten. Als hij geworteld is, verwijdert u na de bloei al het slappe en verwilderde hout. Dun oud hout af en toe uit en snoei de struik in vorm. Verwijder dode bloemaren voor ze zaad vormen. Trek uitlopers er net onder de grond uit — bij snoei vermenigvuldigen ze zich. Geef elk voorjaar een laag goed verteerde mest, compost of beendermeel, of mulch in de herfst met bladeren. Als de grond niet kalkhoudend is, voegt u om de paar jaar kalk toe.
Vermeerderen Seringen laten zich gemakkelijk vermeerderen met halfrijpe of verhoute stekjes, of door het afleggen van lage takken. U kunt ook scheuten planten, maar die worden vaak anders dan de moederplant — vele worden geënt op de stam van een boerensering, sommige op die van een liguster.
Ziekten en plagen Seringen kunnen gevoelig zijn voor bacteriële bladvlekken die hun blad zwart kleuren. Verwijder en verbrand aangetaste delen.

Door vernuftige hybridisatie zijn er nu heel wat meer soorten seringen dan de oorspronkelijke S. vulgaris *(links). 'Massena' (boven) is paarsrood in plaats van lila, terwijl de dubbele bloemen van 'Madame Lemoine' (onder) wit zijn. De wijnrode 'Souvenir de Louis Spaeth' (rechts) was een van de eerste hybriden.*

Photos Horticultural

die onderverdeling waar het de algehele aanblik van de plant betreft niet erg zinvol.

Dubbelbloemige variëteiten zien er wat weelderiger uit, maar sommige mensen prefereren enkelbloemige, omdat de vorm van de bloemen dan beter zichtbaar is. Beide typen variëteiten zijn even aromatisch.

De subtiele variaties in kleur van de lila bloesems zijn moeilijk onder woorden te brengen. Dezelfde variëteit kan door twee kwekerijen heel verschillend omschreven worden. Nog afgezien van het feit dat de bloemen van hybriden nauwelijks van elkaar in kleur verschillen, verandert de kleur van de aar vaak afhankelijk van zijn samenstelling: knoppen of niet. Verder kan het meerdere seizoenen duren voor een sering zijn specifieke kleur krijgt. Let op de kleurintensiteit – beslis of u bleke en tere bloemen wilt of donkere.

Tuinseringen

Veel tuinseringen zijn rond de eeuwwisseling door Victor en Emile Lemoine in Frankrijk gekweekt, en veel van deze variëteiten –'Madame Lemoine' bijvoorbeeld– zijn nu nog even populair als toen. Het zijn allemaal variëteiten en hybriden van *S. vulgaris*; de kruisingen met *S. oblata* (hoofdzakelijk blauw) worden soms ook *S. hyacinthiflora* genoemd.

De oude variëteiten hebben inmiddels gezelschap gekregen van vele nieuwe, die vaak nauwelijks van elkaar te onderscheiden zijn. De meeste tuincentra hebben slechts een deel van de beste, gegarandeerd winterharde soorten met grote bloemaren in voorraad.

Twee oude favorieten zijn allebei wit – 'Madame Lemoine' met dubbele bloemen en 'Maud Notcutt' met enkele.

AANBEVOLEN VARIETEITEN

De kleuren zijn die van de volledige geopende tros — knoppen zijn meestal donkerder, en witte seringen zijn soms eerst crèmegeel.

Bleke tinten

'Bellicent' — lichtroze, enkel, mei-juni.
'Ester Staley' — enkel, roze, medio mei.
'Katherine Havemeyer' — zachtpaars, dubbel, eind mei.
S. microphylla 'Superba' — klein bosje, rooskleurig.

Donkere tinten

'Charles Joly' — paarsrood, dubbel, eind mei.
'Congo' — lilarood, enkel, eind mei.
'Massena' — roodpaars, enkel, medio mei.
'Mrs Edward Harding' bordeauxrood, mei-juni.
'Souvenir de Louis Spaeth' — wijnrood, enkel, eind mei.

Overige kleuren

'Blue Hyacinth' — mauve tot bleekblauw, enkel, medio mei.
'Primrose' — bleekgeel, enkel, medio mei.
'Sensation' — paarsrood met witte randen, medio mei.

Wit

'Mme Lemoine' — dubbel, eind mei.
'Maud Notcutt' — enkel, eind mei.
'Vestale' — enkel, mei.

Eric Crichton

Een andere allang gevestigde variëteit met enkele witte bloemen is 'Vestale'.

Goede enkelbloemige cultivars in klassiek lila zijn onder andere 'Esther Staley' (bijna roze), 'Massena' (donker roodpaars) en 'Clarke's Giant' (deze rooskleurig mauve tot lilablauwe cultivar kan gemakkelijk tot een klein boompje gekweekt worden).

'Souvenir de Louis Spaeth' is een van de oudste seringen, heeft donker wijnrode bloemen en is altijd enorm populair geweest vanwege zijn reputatie van consistentie en betrouwbaarheid. Een andere cultivar met een fraaie, donkere kleur is 'Congo', die donker lilarode aren heeft.

Belangrijke cultivars met dubbele bloem zijn onder andere 'Charles Joly' (donker paarsrood dat in de loop der jaren valer wordt), 'Katherine Havemeyer' (lavendelpaars dat roze wordt), 'Madame Antoine Buchner' (rooskleurig mauve) en 'Mrs Edward Harding' (bordeauxrood met roze nuances).

Als u een echt blauwe sering wilt, neem dan 'Blue Hyacinth' (mauve in knop en enkele bloemen ontluiken al eind april).

Harry Smith Collection

De bleekgele kleur van de bloemen van 'Primrose' (links) is uniek voor seringen.

'Blue Hyacinth' is soms echt bleekblauw, maar veel vaker heeft hij, net als op de foto linksonder, een mauve tintje.

'Mme Antoine Buchner' heeft dubbele bloemen, maar dat valt alleen op als u de trossen van dichtbij ziet (rechts). Iets verder weg en de bloemen gaan op in één grote kleurenzee.

Terwijl de meeste S. vulgaris*-variëteiten vrij grote struiken worden, voelt* S. microphylla *zich prima thuis in een middelgroot heesterperk, waar hij in de eerste helft van de zomer een overvloed van sterk geurende, roze pluimen produceert.*

Photos Horticultural

TUINTIPS

SERINGEKLEUR

Als u een sering gaat kopen, vertrouw dan niet te veel op de catalogus van het tuincentrum. De kleurverschillen tussen seringen zijn vaak subtiel en nauwelijks onder woorden te brengen.

Bovendien is een kleurgarantie nooit te geven, omdat de sering nog wel eens van kleur wil veranderen.

De gele cultivar is gemakkelijk te vinden – 'Primrose'. Als u iets ongewoons wilt, ga dan op zoek naar 'Sensation'. Deze heeft paarsrode, witgerande bloemen, maar kan een terugval krijgen en zijn bontheid verliezen.

Variaties op een thema

Op enkele uitzonderingen na hebben tuincentra van andere seringesoorten veel minder in voorraad, omdat die lang niet zo populair zijn als de groot-

Photos Horticultural

Harry Smith Collection

De dubbele kleur geeft 'Sensation' een aantrekkelijk aanzicht, zowel van dichtbij (links) als van veraf, maar helaas verliest de struik deze eigenschap soms en worden zijn bloemen egaal paars.

De prachtig rode bloemen van 'Mrs Edward Harding' (onder) ontluiken iets later dan die van andere hybriden.

bloemige tuinvariëteiten. Voor een piepklein tuintje is *S. microphylla* een ideale keuze. Hij wordt 1,8 m hoog en breed en is daarmee veel kleiner dan de andere soorten. Natuurlijk geldt dat ook voor de bloemaren – maar dat wordt gecompenseerd door een tweede bloeiperiode in de herfst. De bloemkleur is rozepaars, of rooskleurig in het geval van 'Superba', die doorbloeit tot halverwege de herfst.

Een andere tamelijk kleine soort, van 2 m hoog en breed, is de charmante *S.* x *persica*, die een keurig ronde vorm heeft, lange dunne bladeren en een grote hoeveelheid kleine lila of witte bloempjes.

TUINTIPS

AMERIKAANSE SERING

De Amerikaanse sering is geen echte sering, maar een lid van de *Ceanothus*-familie.

Deze planten hebben massa's aren die kleiner zijn en altijd blauw. Ze zijn vaak groenblijvend.

Ze zijn vorstgevoelig en overleven de winter niet altijd, zelfs als ze beschut worden door een muur.

Als u iets totaal anders wilt, maar niet te groot, neem dan de vingerbladige *S.* x *persica* 'Lacinata'. De heester heeft een sierlijke open groeivorm, geveerde bladeren en violette bloemen.

Ongeveer even groot is de gegarandeerd superwinterharde *S.* x *chinensis*, een kruising tussen *S. laciniata* en *S. vulgaris*, die minstens 3 m hoog en 2 m breed wordt. Hij heeft lila bloemen (roodlila in het geval van 'Saugeana'). Ook erg winterhard zijn de vele variëteiten die gekweekt zijn uit de hybride *S.* x *josiflexa*. Dat zijn grote struiken van 3,5 m hoog en breed. 'Bellicent' (helder roze) is een geliefde variëteit.

Seringen kopen

Kies uw sering zorgvuldig, vooral als u een kleine tuin hebt – neem een van de minder krachtige variëteiten of de kleine *S. mycrophylla*.

Voor de juiste kleur kunt u niet afgaan op catalogi, beschrijvingen van tuincentra of kleurenfoto's. Bekijk de struik als hij in bloei staat voor u hem koopt, en zelfs dat is geen garantie, want de kleur van seringen is erg veranderlijk! Maar wat geeft het – alle seringen zijn mooi.

Eric Crichton

Lieflijke lavendel

De van oudsher geliefde lavendel is groenblijvend, past zich snel aan en is gemakkelijk te kweken, terwijl de delicate geur elke tuin verrijkt.

Bob Gibbons/Natural Image

Het eerste wat u te binnen schiet als u aan lavendel denkt, is waarschijnlijk de geur. Eeuwenlang heeft haar parfum alle tuinen verrijkt, van die van cottages tot die van grote landhuizen.

Er zijn veel verschillende variëteiten. Traditioneel onderscheiden we drie hoofdsoorten: de Engelse, de Nederlandse en de Franse soort.

Verder zijn er nu vijf hoofdvariëteiten gekweekt die alle goede eigenschappen van de oude soorten in zich verenigen en resistent zijn tegen ziekte.

Winteraanzicht

De winter kan voor een tuin een sombere tijd zijn als er weinig interessants te zien is. Neem de lichte tinten groenblijvend blad van een aantal lavendelvariëteiten om tegenwicht te bieden aan andere planten.

Het blad verschilt per variëteit. De meeste hebben zilvergroen blad, maar van sommige is de kleur wat helderder groen, wat fraai contrasteert met het donkere blad van vele groenblijvers.

Gemakkelijke planten

Als u het te druk hebt om veel tijd aan uw tuin te besteden, hoort u vast graag dat lavendel een minimum aan onderhoud vergt.

Het is een winterharde, overblijvende plant, wat betekent dat u haar min of meer aan haar lot kunt overlaten als ze eenmaal is geplant. Licht snoeien helpt om de mooie vorm te be-

Brian Carter/Garden Picture Library

Lavandula angustifolia *'Hidcote' (rechts) is kleurrijk en aromatisch. Lavendel trekt vlinders aan, zoals het icarusblauwtje.*

PLANTPROFIEL

Geschikte plek en grond Houdt van zon, maar gedijt ook in lichte schaduw. Floreert op de meeste grondsoorten als de drainage goed is.
Planten Exemplaren met kale wortels planten in voor- of najaar. Potgekweekte lavendel het hele jaar door, maar bij voorkeur in het voor- of najaar.
Verzorgen Gewone tuinaarde is prima. Niet overvoeden; dat leidt tot meer blad dan bloemen. Na de bloei terugsnoeien tot aan het eind van de groene stengels.
Vermeerderen Lavendel is niet uit zaad op te kweken. Koop kleine plantjes en vermeerder door stekken. Neem zachte stekken in de lente. Verhoute delen stekt u na de bloei en zet u in potten of in de volle grond. Dek ze af met een plastic zakje totdat ze wortel geschoten hebben.
Ziekten en plagen De plant is gevoelig voor wortelrot. De plant ziet er gezond uit, maar gaat ineens dood.

Kiemplantziekte is een schimmelziekte die optreedt bij vermeerdering als de beluchting slecht is.
Aanbevolen variëteiten:
Hagen voor de grotere tuin: 'Royal Purple' of 'Lodden Pink'.
Hagen voor de kleinere tuin: 'Imperial Gem', 'Princess Blue' of 'Hidcote'.
Bed, border of kuip: Elke genoemde soort.
Rotstuin of rand: *L. stoechas.*

houden en bevordert een krachtige groei.

Bijen en vlinders

Lavendel is een milieuvriendelijke plant die allerlei verschillende insekten aantrekt, vooral bijen en vlinders. Bijen zijn voor elke tuinier welkome bondgenoten, omdat ze stuifmeel overbrengen en daarmee planten bevruchten die zodoende zaad vormen.

De voordelen van insekten als bevruchter zijn bijvoorbeeld overduidelijk bij het verbouwen van erwten of bonen, omdat we van die planten de zaadjes eten. Veel insekten in de tuin betekent veel erwten en bonen, dus is het zinvol om lavendel naast groente te planten om deze weldoenertjes aan te trekken.

Bijen en andere insekten zijn ook welkome gasten in de bloementuin en zetten een- en tweejarigen ertoe aan om zaad te vormen. De insekten die lavendel naar uw bedden en borders lokt, stimuleren de zaadvorming bij planten als vingerhoedskruid en stokroos. Dat bespaart u niet alleen geld omdat u geen zaden hoeft te kopen, maar vergemakkelijkt ook de vermeerdering van planten voor u. U hoeft de zaailingen alleen naar andere delen van uw tuin te verplaatsen.

Ontwerp en vormen

Lavendel is erg nuttig bij het maken van interessant vormgegeven bedden omlijnd met een lage haag. Aangezien lavendel groenblijvend is, behoudt uw ontwerp de hele winter zijn vorm. Als u de plant aan het eind van elk groeiseizoen terug-

Derek Gould

De ongewone L. stoechas pedunculata *is ideaal voor een paarse of roze border. De plant op de foto boven heeft vanaf de late lente donkerpaarse bloemen met een kroon van lichter gekleurde pluimachtige schutbladen.*

Peter McHoy

'Jean Davis' (rechts) heeft teerbleke bloemen, die perfect zijn voor een bleekroze of witte border. Ze gedijen even goed in een stads- als in een plattelandstuin.

Harry Smith

'Nana Alba' (rechts) is een populaire en compacte dwerglavendel met mooie witte bloempjes. Hoewel ze maar 30 cm hoog wordt, is haar blad breder dan dat van de meeste andere variëteiten. Voorin een border harmonieert ze vooral goed met blauwe en paarse bloemen, of met witbloeiende planten.

'Loddon Pink' is een compacte lavendel en wordt 60-75 cm hoog. De erg bleke, roze bloemen komen heel mooi uit tegen het groen van deze goed onderhouden haag en dit gazon (rechts).

Neem voor een rotstuin of voor de voorkant van een klein bed of perk de lage 'Dwarf Munstead' (onder). Ze heeft alle kenmerken van de klassieke lavendel – aren blauwpaarse bloemen, grijsgroen blad en een heerlijke geur– maar dan in compacte vorm.

Gillian Beckett

Gillian Beckett

LAVENDEL EN KANT

Gebruik uw naaivaardigheid om mooie zakjes te maken, of vlecht band door stengels voor een 'lavendelstamper'.

Om een lavendelstamper te maken, bindt u een stuk sterk draad strak om een vers bosje lavendel, net onder de bloemhoofdjes. Buig de stengels over de bloemen heen en vlecht ze vast met band. Pluk lavendel om te drogen vlak nadat de bloemtrossen verschijnen. Bind de stelen in bosjes en hang die ondersteboven in een donkere, luchtige ruimte. Gebruik lavendel in droogboeketten, sachets en potpourri.

snoeit, blijft ze jarenlang netjes en compact.

In een nette tuin met een formeel ontwerp is de geurige, lage lavendel heel geschikt om de traditionelere buxus als haag te vervangen.

Lavendel is niet alleen waardevol in bedden, borders, moes- en kruidentuinen, maar ook als dwergvorm in een rotstuin. Er bestaat een witte dwergvariëteit (*L. stoechas* 'Alba') waarvoor dat met name geldt.

U kunt alle lavendelvariëteiten in een kuip kweken zolang u ze maar terugsnoeit aan het einde van de bloeiperiode zodat ze niet te erg verwilderen.

Wat is er prettiger dan aan het eind van een lange, zware dag op de patio te zitten, omgeven door die hemelse geur en het rustgevende gezoem van bijen?

Lavendel kopen

Als u lavendel wilt kopen, bedenk dan eerst waarvoor u de plant wilt gebruiken.

Als u een grote tuin hebt en een informele haag wilt, is 'Royal Purple' een goede keuze. Het takkenstelsel van de plant wordt 45-60 cm hoog en de bloemaren steken daar nog iets bovenuit. Ze krijgt hartje zomer donkerpaarse bloemen die sterk

Eric Crichton

aromatisch zijn en vaak gedroogd worden.

Een andere goede haagvariëteit is 'Lodden Pink', die 60 cm hoog wordt en heldergroen blad heeft. De plant bloeit de hele zomer door.

Als u een ornamentele kruiden- of moestuin wilt, hebt u een lage haagvariëteit nodig als *L. angustifolia* 'Hidcote', 'Imperial Gem' of 'Princess Blue'.

'Hidcote' wordt ca. 45 cm hoog en heeft donkerviolette bloemen. Haar blad is grijs en donzig. 'Imperial Gem' lijkt veel op 'Hidcote' en beide bloeien in de zomer.

'Princess Blue' heeft echt lavendelblauwe bloemen en zilverkleurig blad. Deze variëteit bloeit in de vroege zomer.

L. stoechas (de Franse soort) gedijt goed in rotstuinen of als randplant in bloembedden. Ze wordt 30 cm hoog en heeft donkerpaarse bloemen. 'Alba' is een witte variëteit.

Geen van beide is volkomen winterhard, dus zijn ze alleen geschikt voor een gematigd klimaat.

Planten en zorg

U kunt potgekweekte lavendel te allen tijde planten. Planten met kale wortels moet u echter in het vroege voorjaar of het najaar planten. Ze houden van de volle zon, maar verdragen lichte schaduw.

Lavendel past zich aan de meeste grondsoorten aan, dus hoeft u niet veel moeite te doen om de bodem te prepareren. De plant heeft wel graag een goede drainage, dus zet haar niet op een drassige plek. Zware klei moet misschien wat beter doorlatend gemaakt worden. Deze planten hebben niet veel voedsel nodig. Integendeel, als lavendel te veel voeding krijgt, is

'Hidcote' (boven) is een van de beste en populairste lavendelvariëteiten. De dichte aren paarse bloemen zien er schitterend uit als ze in een heesterperk worden opgelicht door spatten lichtgeel. De heiligenbloem in deze border is een ideale partner, net als rozemarijn. Alle drie de planten hebben een specifieke geur – de combinatie is heerlijk.

Harry Smith

Lavendel voelt zich in een cottagetuin thuis tussen planten als vingerhoedskruid, korenbloemen en ridderspoor. Agryanthemum *'Jamaica Primrose', die wel wat op het madeliefje lijkt, en prikneus (*Lychnis coronaria*) brengen het platteland naar de stadstuin (links).*

Derek Gould

De bloemen van L. angustifolia *'Munstead' vormen een grote poel lavendelblauw en harmoniëren perfect met andere blauwe bloemen of met witte en gele bloemen, zoals in de tuin rechts. Waarom plant u deze variëteit niet als bodembedekker in een grote border of als lage haag om een kruidentuin?*

ze geneigd meer blad te produceren ten koste van de bloemen.

Lavendel is een struikvormige plant en moet daarom gesnoeid worden om verwildering te voorkomen. Snoei na de bloei de uiteinden van de groene takken terug.

Partners

Lavendel gaat goed samen met de meeste andere planten. De dwergvariëteiten voelen zich prima thuis bij elke denkbare rotstuinplant.

Veel mensen gebruiken de randvariëteiten van lavendel om hun rozenbed af te perken. Dat is vooral geslaagd als u de kleur van de rozen en de lavendel op elkaar afstemt; plant bijvoorbeeld bleekroze rozen bij lichtblauwe lavendel en gele rozen bij donkerpaarse lavendel. Het blad van deze planten combineert ook uitstekend.

Tania Midgely

Een lavendelhaag die het pad naar de voordeur afgrenst (boven), ziet er niet alleen aantrekkelijk uit, maar geurt ook hemels. Het zachte grijsgroen van de deur past uitstekend bij de kleur van het blad, waardoor een vredige sfeer gecreëerd wordt. L. angustifolia *'Hidcote' is erg geschikt als haag. De bloemen, die niet zo sterk geuren, zijn donker blauwpaars. Deze variëteit is van nature 'netjes', maar moet toch twee keer per jaar geknipt worden, in de nazomer en in de lente.*

Geen kruidentuin is compleet zonder lavendel. De geur trekt bevruchters aan en dat zet sommige kruiden weer aan tot zaadvorming. Lage-haagvariëteiten creëren een aantrekkelijke, geurende afscheiding.

Lavendel vormt een prachtige achtergrond voor de flamboyantere zomerborderplanten. Kuipen en bedden vol heldere eenjarigen zullen profiteren van de statige aren en het zachte blad.

De aanhoudende populariteit van lavendel is een huldebetoon aan haar vele goede eigenschappen. Ze is het hele jaar aantrekkelijk, groeit gemakkelijk en groeit snel breed uit tot struik.

Ze heeft medicinale eigenschappen en culinaire toepassingen. U kunt de bloemen drogen en in zakjes stoppen, ze in potpourri's verwerken om uw huis te parfumeren of ze gebruiken voor azijn.

Lavendel verjaagt zelfs motten! Geen wonder dat lavendel al zo lang geliefd is.

KWEEKTIPS

LAVENDELHAAG

Om snel resultaat te zien, moet u volgroeide planten kopen, en dat kan duur worden als het om een groot stuk grond gaat.

Potgekweekte planten van twee jaar oud zijn het best. Poot ze op 45 cm van elkaar.

De goedkoopste oplossing is een paar planten kopen en die met stekjes geleidelijk vermeerderen.

Deze methode vergt geduld en lange-termijnplanning, maar is wel gemakkelijk en kan zeer de moeite waard zijn.

GOEDE IDEEEN

LEKKER MET LAVENDEL

De bloem van de lavendel is eetbaar en kan worden gekonfijt of worden toegevoegd aan glazuur waarmee gebak versierd wordt.

Lavendelazijn is eenvoudig te maken en geeft een heerlijke nieuwe smaak aan uw dressing. Voeg een paar witte bloemhoofdjes aan een fles wittewijnazijn toe en laat die een paar weken intrekken. Lavendelolie maakt u op dezelfde manier. Gebruik daarvoor een lichte olie als zonnebloemolie.

Doe bloemetjes in uw bad of in een fles gedistilleerd water voor een geparfumeerde gezichtsspoeling. Giet af door een zeef, zodat u alleen het geparfumeerde water overhoudt. Bewaren in een klein, afgesloten flesje.

Koninklijke rododendrons

Iedereen kan deze oogverblindende struiken, deze aristocraten van de plantenwereld kweken. Plant ze in de tuin, in tonnen of in bloembakken.

In het verleden doorkruisten onbevreesde plantenjagers Birma, Tibet, de dichte wouden van de Himalaya en het zuidwesten van China om allerlei rododendronsoorten te ontdekken die nu zo geliefd zijn. Verder groeit de rododendron ook in het wild in Alaska, Canada en aan de oost- en westkust van Noord-Amerika.

In het wild groeien er meer dan 500 verschillende soorten rododendrons, die variëren van 20 m hoge bomen tot bodembedekkende rotsplanten.

Uit het grote aantal prachtige soorten dat in het wild voorkomt, hebben kwekers een groot aantal van de fraaist bloeiende heesters gekruist die uw tuin kunnen opsieren. De kleurenpracht van tinten roze, wit, crèmegeel, oranje, scharlaken, karmozijn en lavendel is werkelijk schitterend. Een aantal rododendrons heeft ook een exquise geur en weer andere soorten hebben aromatische bladeren. De bloeiperiode van de rododendrons verschilt per soort en variëteit en kan vallen tussen de winter en de herfst.

Iedereen kan van deze prachtige, bloeiende heesters genieten, omdat tuincentra en kwekerijen ze in allerlei soorten en maten verkopen. De kleinste past in een bloembak, vele passen in tonnen en de grootste hebben een bosgebied nodig om volledig uit te groeien.

Bijna alle rododendrons zijn groenblijvend en behoren tot de familie van de *Ericaceae*, waartoe verder nog azalea's en heide behoren. Deze hele fami-

TUINTIPS

RODODENDRON OF AZALEA?

De planten die we azalea noemen, zijn in feite rododendrons — u vindt ze in tuinboeken en catalogi onder *Rhododendron*. Het verschil is dat azalea's vaak bladverliezend zijn. (De planten die als groenblijvend zijn omschreven, zijn dat niet echt; de bladeren onderaan nieuwe scheuten vallen in de herfst af.) In dit hoofdstuk komen geen azalea's aan bod. De officiële naam van de vorstgevoelige azalea die 's winters als potplant wordt verkocht, is *Rhododendron simsii*.

Pat Brindley

Of rododendrons nu in een klein tuintje (boven) of in een natuurlijk boslandschap staan, ze brengen in de lente en zomer altijd opvallende kleuren. Als u er een paar bij elkaar zet, zorgen ze of voor een egaal gekleurde wand of voor een verscheidenheid van complementaire tinten.

Photos Horticultural

lie stelt één specifieke eis: de grond moet zuur zijn, en dat betekent dat de grond geen kalk mag bevatten. Als uw rododendron in de verkeerde grondsoort staat, zien zijn bladeren er geel en treurig uit. Wanhoop echter niet als uw grond alkalisch is. Rododendrons laten zich gemakkelijk in potten en tonnen planten, mits u zuur compost gebruikt en de planten met regenwater begiet.

Aangezien veel rododendrons afkomstig zijn van de ho-

Een rododendron in een grote bloempot (boven) kan kleur geven aan een saaie hoek van een terras. De variëteit boven heet 'Baden-Baden'.

De zuiverwitte bloemen van de dwergvariëteit 'Ptarmigan' (onder) contrasteren fraai met kleurrijkere planten als primula's.

Photos Horticultural

PLANTPROFIEL

Geschikte plek en grond
Rododendrons hebben goed doorlatende grond nodig die vochtig, zuur en humusrijk is. Vermijd slecht doorlatende grond die 's winters nat blijft. Rododendrons kunnen ook niet tegen droogte; dan hebben ze veel water nodig. Gebruik als het kan regenwater, want kraanwater is te kalkrijk.

Alkalische grond is ook niet goed. Als u alkalische grond hebt, kunt u rododendrons ook in een kuip kweken. Gebruik daarbij speciale heidecompost.

Alle rododendrons houden van lichte schaduw, die hen tegen lentevorst beschermt en de grond koel en vochtig houdt. Weinig soorten houden van zware schaduw, maar sommige alpiene dwergvormen gedijen op een zonnige plek of zelfs in een rotstuin.

Verzorgen
Verzorging tijdens het planten garandeert succes. Kies een goede plek met goede grond. Graaf een kuil die breed genoeg is voor de wortelkluit en zo ondiep dat het grondoppervlak tot aan de voet van de stam reikt en niet erboven!

Doe ruim mosturf, of liever bladaarde of kokosvezels, in het plantgat. Ruim begieten, liefst met regenwater. Goed vochtig houden tijdens droge perioden of als de bladeren gaan hangen.

De beste manier om de grond gezond te houden, is door er elk voorjaar minstens 2,5 cm mulch doorheen te werken (bladaarde etc.).

Verwijder oude bloemhoofden zo'n maand na de bloei, zodat alle energie in de groei gaat zitten en niet in de zaadvorming.

Er is maar weinig snoei vereist, behalve daar waar een hybride onder een ent uitlopers vormt; die moet u verwijderen. Uitlopers herkent u aan de afwijkende bladvorm (meestal bij *R. ponticum*).

Problemen, ziekten en plagen
Rododendrons leveren maar weinig problemen op. Als de bladeren er dof uitzien, kan bemesten met zwavelzure ammoniak uitkomst bieden; het zal in elk geval de zuurgraad iets verhogen, maar misschien is speciale rododendronmest noodzakelijk (zie Kweektips, blz. 68).

Als de bladuiteinden bruin worden, wijst dat op een teveel of tekort aan water en moeten de groeiomstandigheden worden veranderd.

De schors kan splijten na een extreem koud voorjaar. Scheuten sterven af onder de gescheurde plekken en moeten worden teruggesnoeid tot gezond hout.

Bladluis kan de verse scheuten van jonge planten aantasten — dit kunt u verhelpen door te sprayen met een pyrethrum-insekticide.

Lapsnuitkevers knagen kepen in de bladeren. Hoewel het lelijk staat, gaat de plant er niet dood aan.

Vermeerderen
Rododendrons laten zich eenvoudig vermeerderen door stekken of afleggen.

Enten gebeurt op commerciële basis, maar voor de amateur is enten erg moeilijk. Daarvoor hebt u een geschikte onderstam nodig, naast de nodige kennis.

U kunt ze opkweken uit zaad, maar dat gaat erg traag en is alleen geschikt voor de soorten — grote hybriden worden anders dan de moederplant.

Neem stekjes van halfrijpe scheuten van een gezonde plant, bij voorkeur in de nazomer. De lengte van de stek hangt af van de soort: 5-8 cm voor de vorstgevoelige *R. simsii*, 15-23 cm voor de meeste winterharde soorten.

Wortelvorming wordt meestal bespoedigd door de uiteinden in stekpoeder te dopen. Eerst een lichte wond maken aan de voet kan helpen. Zet de stekjes in potten met een mengsel van gelijke delen turf en scherp zand (of perliet). In een koude bak zullen ze wel wortelen, maar u kunt ze het beste in een kweekbak zetten. Als ze wortel hebben geschoten, plant u ze in heidecompost en wacht tot ze groot genoeg zijn om uit te poten. Het kan vijf jaar duren voor ze gaan bloeien.

Afleggen is een goede methode om een paar van uw lievelingsplanten te kweken. Raadpleeg daarvoor de juiste handboeken.

AANBEVOLEN VARIETEITEN

Kleine tuintjes en rotstuinen

'Blue Diamond'	(blauw)
'Baden-Baden'	(rood)
'Carmen'	(donker-scharlaken)
'Cilpinense'	(roze)
'Dora Amateis'	(wit)
R. impeditum	(lavendel)
'Scarlet Wonder'	(scharlaken)
'Ptarmigan'	(wit)
'Patty Bee'	(geel)
'Ginny Gee'	(wit met roze blos)

Kuipen

'Percy Wiseman'	(roze en crème)
'Pink Cherub'	(zachtroze)
'Golden Torch'	(bleekgeel)
'Surrey Heath'	(rooskleurig)
'Titian Beauty'	(geraniumrood)
'Elizabeth'	(scharlaken)
'Praecox'	(lavendel)

Hagen en schermen

'Britannia'	(scharlaken)
'Cunningham's White'	(wit)
R. ponticum	(lavendel)

Grote bostuinen

'Autumn Gold'	(abrikoos-/zalmkleurig)
'Christmas Cheer'	(roze; winter-bloemen)
'Doncaster'	(scharlaken)
'Elizabeth de Rothschild'	(crème)
'Gomer Waterer'	(wit met laven-del blos)
'Kluis Sensation'	(scharlaken)
'Lord Roberts'	(rood)
'Nova Zembla'	(lichtrood)
'Pink Pearl'	(roze)
'Purple Splen-dour'	(donkerpaars)
'Unique'	(naar crème vervalend roze)

ge, vaak met sneeuw bedekte bergen van de Himalaya, zijn ze wel gewend aan af en toe een koude winter. Ze zijn dan ook winterhard. Er zijn echter een paar variëteiten die in de vroege lente bloeien en waarvan de bloemen door vorst beschadigd kunnen raken. Zet deze op een goed beschutte plek, misschien in de schaduw van een geschikte boom of heester om ze te beschermen tegen vorst en koude, droge wind.

Als u een koele, maar vorstvrije kas of serre hebt, kunt u een prachtige verzameling geurende rododendrons kweken. Ze verblijden u op de eerste dagen van de lente met schitterende kleuren en heerlijke geuren. Ook rododendrons in een kas of serre verlangen zuur, kalkvrij compost. Na de bloei kunt u ze

Photos Horticultural

KWEEKTIPS

EEN ZIELTOGENDE PLANT GENEZEN

Rododendrons die op te alkalische grond staan, groeien vaak maar matig, terwijl hun blad dof en gelig is. U kunt de struik meestal helpen overleven door hem speciale rododendronmest te geven. Deze bevat een mengsel van ijzer en andere ingrediënten dat de struik kan opnemen zelfs als hij niet in zure grond staat.

Brigitte Thomas/Garden Picture Library

Photos Horticultural

Photos Horticultural

R. 'Blue Diamond' (boven) houdt van de volle zon. Hij wordt 1,5 m hoog en bloeit in de tweede helft van de lente.

Tuiniers die de ruimte hebben, zetten graag contrasterende soorten naast elkaar. U kunt ze een onderbeplanting geven van bloeiende planten en bladplanten (rechtsboven). Hier vingerhoedskruid, varens, vrouwemantel en elfenbloem.

De juiste soorten naast elkaar kunnen zorgen voor een lange periode van opeenvolgende bloei. 'Christmas Cheer' (links) bloeit 's winters voor andere soorten uit.

De grote, maar compacte kersrode bloemen van 'Britannia' (rechts) verschijnen in de late lente en de vroege zomer.

met pot en al in de tuin zetten, mits u zeker weet dat uw tuingrond niet alkalisch is. Vergeet ze echter niet voor de eerste herfstvorst weer naar binnen te halen.

Een grote keuze

In veel streken van Groot-Brittannië is de grote *Rhododendron ponticum* tot een natuurlijke bewoner van bossen en open heidevelden geworden. Daar vertoont hij tegen het eind van de lente en het begin van de herfst massa's donkerpaarse bloemen. Deze struik werd ca. 200 jaar geleden uit Turkije meegenomen. Helaas heeft hij haast te veel succes gehad bij het voortplanten en veel boswachters beschouwen hem dan ook als onkruid.

In de tuin blijft hij echter erg nuttig, omdat hij snel groeit en een uitstekende, winterharde haag of scherm vormt, waaraan in de late lente een overvloed van bloemen verschijnt. 'Cunningham's White' en de schitterend scharlaken 'Brittania' vormen een even goede haag of scherm.

Veel kleinere rododendronsoorten komen van nature op grote hoogte voor op open berghellingen, soms tot op 3600 m. Deze planten en hun hybriden kunnen met recht rotsplanten worden genoemd. Ze vormen een grote groep lage struikjes die de volle zon verdragen en gedijen in koele, vochtige omstandigheden. Al deze dwergvormen kunnen in de kleine tuin van pas komen, maar groeien even goed in een

TUINTIPS

SNIJBLOEMEN

Rododendrons zijn prachtige snijbloemen, als u het tenminste over uw hart kunt verkrijgen ze af te snijden.

Snijd ze af als de knoppen net kleur krijgen. In de warmte binnen ontluiken ze snel en geven ze u dagenlang plezier.

Marshall Cavendish

'Purple Splendour' is een van de grotere variëteiten, die tot 3 m hoog wordt. De dieppaarse bloemen hebben zwarte spikkels in de keel en crème meeldraden.

rotstuin of verhoogd bed, mits de grond geschikt is. Iedereen wil zijn tuin het hele jaar door interessant en kleurrijk houden, maar omdat rododendrons een beperkte bloeiperiode kennen, moeten er wel geschikte partners bij worden gezocht.

Geschikte partners

Geschikt als partner zijn kleurrijke bomen die de rododendrons beschermen tegen vorst en die voor vlekkerige schaduw zorgen om de wortels koel en vochtig te houden.

Bloeiende kersen voegen prachtige pastelnuances toe en de opvallende mispel (*Amelanchier canadensis*) zorgt voor wit. Veel lijsterbesvariëteiten (*Sorbus aucuparia*) zien er fraai uit te midden van rododendrons, en de prachtige herfsttinten van de Japanse esdoorns maken de tuin rond de jaarwisseling wat vrolijker.

Het is verstandig om onder de gewone rododendronhybriden bosjes heide te planten of misschien hosta's, waarvan het blad groen- of witgestreept kan zijn of bleekgeel. Een voor de hand liggende partner is de mooie azalea –een nauwe verwant van de rododendron–, die gedijt in dezelfde groeiomstandigheden.

Het is veelzeggend dat de groten der aarde in de afgelopen honderd jaar zijn gevallen voor de exotische charmes van de rododendrons.

Het kan dus niet anders of het zijn de aristocraten van de plantenwereld. Tegenwoordig kan echter iedereen die zich een beetje inspant, genieten van de enorme diversiteit in bloeiende groenblijvende soorten die deze familie te bieden heeft.

KWEEKTIPS

HERPLANTEN

Rododendrons hebben ondiepe, vezelachtige wortels die een compacte kluit vormen. Met enige zorg kunnen grotere struiken verplaatst worden. Doe dit bij voorkeur in de late herfst. Na herplanting ruim begieten.

PERFECTE PARTNERS

De volgende bomen combineren goed met rododendrons: kleine *Acers* (Japanse esdoorn), berk, bloeiende kersen (lentevariëteiten), *Prunus autumnalis* (bloeit in de herfst), amberboom, lijsterbes en *Malus* (bloeiende wilde appel).

Heesters die goed met rododendrons samengaan, zijn azalea's, heide, pernettya's, peperboompjes, sneeuwballen, skimmia's, dwergzuurbessen en pieris.

Sneeuwballen

Sneeuwballen zien er in elke tuin prachtig uit. Deze winterharde struiken geven u geurige bloemen van de winter tot de zomer, bladkleur in de herfst en bessen in de winter.

Harry Smith

Zelfs het kleinste tuincentrum zal een flink aantal sneeuwballen in huis hebben, want ze behoren tot de populairste tuinheesters. Er is dan ook veel dat voor ze spreekt. Een zorgvuldig gekozen verzameling sneeuwballen kan uw tuin het hele jaar door interessant houden. De winterbloeiers geven u kleur en geur op donkere, grijze dagen. Bij de lentebloeiers zitten een paar variëteiten met spectaculaire, geurende bloemen. In de herfst nemen veel soorten eerst prachtige tinten rood en karmozijn aan voor ze hun bladeren laten vallen, hoewel sommige groenblijvend zijn. Ze kunnen ook enorme trossen kleurrijke bessen produceren.

Het enige nadeel is misschien dat sneeuwballen uiteindelijk te groot worden voor een kleine tuin, maar dit kunt u voorkomen door de soorten zorgvuldig te kiezen en door op tijd oordeelkundig te snoeien. We geven u hier de hoogte en doorsnede van de heesters bij benadering, want struiken zijn net zo verschillend als mensen; de ma-

De meeste sneeuwbalvariëteiten leveren een overvloed van zoetgeurende bloemen. Met een onderbeplanting van viooltjes (boven) ontstaat er een lenteboeket dat heerlijk ruikt en er fraai uitziet.

ten verwijzen naar de gemiddelde hoogte en doorsnede na tien jaar.

Sneeuwballen krijgen trossen witte, rozegetinte of roze buisvormige bloemen die vaak ontluiken uit donkerroze knoppen. Sommige soorten hebben een overvloed van kleine trossen, andere hebben minder trossen, die echter wel veel groter zijn. Sommige lijken op hortensia's, andere vormen volmaakt ronde ballen. Een uitbundig bloeiende, volgroeide *Viburnum plicatum* met zijn overvloed van ronde, sneeuwwitte bloemen ziet er magnifiek uit.

De bladeren verschillen nogal, maar zijn doorgaans ovaal, soms getand, soms glanzend en soms matgoud; sommige hebben een viltig bruine of grijze onderkant. Eén soort heeft gelobd, esdoornachtig blad. De meeste soorten vormen bessen, blauwzwarte, maar soms ook goudgele of rode.

De opeengepakte, glimmend witte, ronde bloemhoofden van V. plicatum *'Grandiflorum' (rechts) hebben deze variëteit de naam Japanse sneeuwbal bezorgd. De donkergroene bladeren, die met hun diepe nerven en getande randen de volmaakte ondergrond voor de bloemen vormen, worden in de herfst prachtig rood. De bloemhoofden van* V. tinus *'Gwenllian' zijn niet zo spectaculair, maar zijn wel de hele winter te zien. Deze variëteit produceert tot diep in de herfst vele trossen zwarte bessen die niet door vogels worden opgegeten. Het bloeiseizoen is zo lang dat één plant zowel bessen als roze bloemknoppen en volgroeide wittige bloemen kan dragen (rechtsonder).*

Photos Horticultural

Neil Holmes

PLANTPROFIEL

Geschikte plek en grond
Sneeuwballen zijn gemakkelijke heesters, maar ze gedijen het beste in diepe, rijke, vochtige, kalkhoudende grond. Geef winterbloeiers een zonnige plek; een soort die later bloeit, kan lichte schaduw verdragen.

Planten
Koop potgekweekte planten, die u te allen tijde kunt poten. Goed vochtig houden tot ze geworteld zijn.

Verzorgen
Sommige sneeuwballen worden erg groot. In een kleine tuin moeten ze daarom elk jaar licht gesnoeid worden als ze eenmaal de gewenste hoogste bereikt hebben. Snijd verwilderde oude takken bij de grond af. Snoei groenblijvende variëteiten in april en loofverliezende na de bloei. Snijd de hoofdstam van *V. plicatum* af als hij 1,5 m is om de zijwaartse groei te bevorderen.

Vermeerderen
Neem 's zomers hielstekjes van halfrijp hout. Soorten met hangende takken kunt u afleggen — pin de tak vast in vochtige grond en snijd hem af als hij wortels gevormd heeft.

Ziekten en plagen
In principe probleemloos, maar kan worden aangetast door bladluis.

Aanbevolen variëteiten
V. betulifolium is een grote variëteit die in de vroege zomer bloeit. Een groep met deze heesters levert een overvloed van rode bessen op.
V. davidii is een veelzijdige, breed uitgroeiende plant met fijn blad.
V. opulus 'Sterile' heeft grote bossen bolvormige, witte bloemen, maar geen bessen.
V. tomentosum 'Mariesii' heeft een overvloed van bloemen die aan horizontale, gestapelde takken groeien.

De onderlinge verschillen tussen sneeuwbalsoorten zijn groot, dus zorg ervoor dat u weet wat u wilt. Moet hij bladverliezend of groenblijvend zijn? Wanneer moet hij bloeien? Is geur belangrijk? Hebt u ruimte voor één of twee grotere soorten? Hebt u liever een korte, spectaculaire bloeiperiode of het hele jaar door een fraai aanzicht?

Winterbloemen

Verscheidene soorten sneeuwballen worden speciaal om hun opvallende winterbloemen gekweekt, die aan kale takken zitten. Vele geuren ook heerlijk. Geef deze struiken bij voorkeur een zonnig plekje tegen een groenblijvende achtergrond, bijvoorbeeld een ligusterhaag. Zorg dat u de struik vanuit huis kunt zien.

Een van de geliefdste variëteiten is *V.* x *bodnantense* 'Dawn'. Zolang het weer maar redelijk zacht is, produceert deze cultivar vanaf hartje winter tot aan het eind van het seizoen grote bloemhoofden van compacte, buisvormige, geurende bloemen. Ze ontluiken uit rooskleurige knoppen en verkleuren langzaam naar roze en wit. De bladeren zijn eerst bronskleurig. Deze cultivar is zeer vorstbestendig en wordt 2,5 m hoog en breed.

V. fragrans syn. *V. farreri* lijkt erg op de vorige soort, maar is zelfs nog geuriger. In zachte streken verschijnen de witte of roze getinte bloemen al in november. Hij heeft een dichte, opgaande groeivorm en wordt 3 m hoog en breed.

Een oude favoriet, *Viburnum tinus*, heeft niet zulke opvallende bloemen, maar wordt voornamelijk gekweekt om zijn fraaie, glanzende, groenblijvende blad. Hij heeft een dichte groeivorm en kan dus uitgroeien tot een goede haag. Als u hem solitair plant, groeit hij uit tot een goedgevormde, ronde struik van 3 m hoog en breed. De bloemen zijn wit en ontluiken in de winter of het vroege voorjaar uit roze knoppen. Daarna verschijnen de metaalblauwe bessen die later zwart worden. Goede cultivars zijn onder andere 'Eve Price', met roze bloemen, en 'Gwenllian, met uitzonderlijk donker roze knoppen. Voor blad kunt u denken aan 'Variegatum', die opvallende, grijsgroene, zilvergemarmerde en zilvergerande bladeren heeft. Plant hem niet als u in een koude streek woont, want de struik is halfwinterhard.

Lentebloemen

Plant vroege-lentebloeiers op een zonnige plek; soorten die in de late lente of de vroege zomer bloeien, gedijen ook in lichte schaduw. Deze groep sneeuwballen is voornamelijk bladverliezend, en de bloemen verschijnen op hetzelfde moment als de bladeren.

Als een van de eerste ontluikt *V.* x *burkwoodii*, die al in april met roze knoppen komt, gevolgd door grote bolvormige bloemhoofden met zoetgeurende witte bloemen. De donkergroene bladeren, die aan de onderkant viltig bruin zijn, blijven in zachte streken de hele winter aan de struik zitten. Hij is ook bestand tegen verontreiniging.

TUINTIPS

EEN SNEEUWBAL KOPEN

Als u een sneeuwbal bij een tuincentrum koopt, kies dan een compacte, struikvormige plant. Neem geen slungelige planten of planten waarvan de wortels door de bodem van de pot steken. Bewaar de labels nadat u de planten gepoot hebt; de meeste goede tuincentra vervangen planten die het niet halen.

Het is een grote, breed uitgroeiende heester die 2,5 m hoog en 3 m breed wordt.

V. carlesii, die maar 1,5 m hoog en breed wordt, is met zijn mooie, ronde vorm geschikt voor de kleine tuin. Hij heeft donzige bladeren, die aan de onderkant grijsgroen zijn en in de herfst vaak paarsrood worden. Hij produceert roze knoppen in de herfst die in de lente ontluiken als trossen bijzonder geurige, witte bloemen. Een soortgelijke plant, maar dan groter en krachtiger, is *V.* x *juddii.*

Bloemen als sneeuw

De mooiste bloemen zijn die van *Viburnum opulus* 'Sterile'. De trossen zijn eerst geelgroen en ontwikkelen zich later tot grote, volmaakt ronde, zuiverwitte ballen, wat zijn volksnaam 'sneeuwbal' verklaart. Hij bloeit in de vroege zomer en wordt 3 m hoog en 2,5 m breed. De bladeren zijn net als die van de esdoorn gelobd. Deze struik is een variëteit van de inheemse plant *V. opulus*, die bekendstaat als de Gelderse roos, waarvan de bloementuilen minder mooi gevormd zijn.

Hebt u een grote tuin, dan is *V. plicatum tomentusum* met zijn gestapelde, horizontale takken die tot een breedte van 3 m uit kunnen groeien, een goede keus. De bloemen beginnen in de vroege zomer te ontluiken en lijken op die van de hortensia. Variëteiten van *V. plicatum* zijn onder andere 'Lanarth' en

Eric Crichton

Neil Holmes

De dichte groeivorm van sommige sneeuwballen maakt ze tot een aantrekkelijk alternatief voor een ligusterhaag. V. farreri *(boven) heeft vanaf halverwege de herfst tot het voorjaar trosjes kleine, witte, geurige bloemen.*

De bloemhoofden van V. plicatum *'Mariesii' zitten aan gelaagde, breed uitgroeiende takken (rechts), waardoor het ideale blikvangers zijn.*

De bloemen van de lentebloeiende V. carlesii *(onder) verspreiden een sterke geur, en de bladeren –brons in de lente, groen in de zomer en rood in de herfst– zijn een attractie op zich.*

Collections/Patrick Johns

TIJDSBESPARING

ZO GEBEURD!

Sneeuwballen zijn de ideale basis voor een onderhoudsarme tuin. Verzamel verschillende soorten — een winterbloeier, een lentebloeier, een die vroeg in de zomer bloeit, een voor herfstkleuren en een paar groenblijvende soorten. Als ze eenmaal aangeslagen zijn, hebt u er geen omkijken meer naar. Maak een onderbeplanting van lentebollen en zomerplanten om felgekleurde stukjes te creëren.

De geschiktste sneeuwbal voor kleine tuinen is V. opulus *'Compactum' (rechts), die, zoals zijn naam al suggereert, uitgroeit tot een lage, dichte struik. De witte hortensia-achtige bloempjes maken 's zomers plaats voor trossen scharlaken bessen, die prachtig uitkomen tegen de roodachtige herfstbladeren.*

Brian Carter/Garden Picture Library

'Mariesii', die witte bloemen hebben, en 'Pink Beauty', die eerst wit is en dan naar roze verkleurt. Allemaal hebben ze getande, ovale, spits toelopende bladeren.

De bladeren van veel bladverliezende sneeuwballen krijgen een aantrekkelijke rode tint voor ze in de herfst van de struik vallen. *V. plicatum* en vooral *V. opulus*, de bij ons inheemse Gelderse roos, zijn hier goede voorbeelden van. Deze laatste gedijt op tamelijk natte grond, is fraai gevormd en produceert in het late voorjaar ontelbare geurende, witte bloemen. Deze worden gevolgd door transparante rode bessen (giftig), die prachtig combineren met de scharlaken bladeren.

Deze struik is met zijn hoogte en breedte van 4,5 m wel wat groot. Hebt u een kleine tuin, neem dan de cultivar 'Compactum', die drie keer zo klein is.

Sneeuwballen hebben niet alleen mooie bloemen en bladeren, maar in de herfst ook kleurrijke bessen. Ze zijn erg in trek bij vogels, die de struik bij aanhoudende kou compleet kaal kunnen vreten.

Maar in zachte winters blijven er tot diep in de winter, als de tuin verder weinig kleur heeft, genoeg bessen aan de struik zitten.

Als u een flinke bessenoogst wilt, moet u twee of drie struiken kopen, het liefst van verschillende bron, om zeker te zijn van kruisbestuiving. De bessen verschijnen pas in grote getale als de struik goed ge-

Photos Horticultural

V. opulus *'Xanthocarpum' (boven) heeft meerdere ongebruikelijke trekjes. De esdoornvormige bladeren worden in de herfst eerder geel dan rood, waardoor ze de volmaakte ondergrond vormen voor de goudkleurige bessen.*

V. davidii *(rechts) heeft lange, dunne, glanzende bladeren en bessen met een kenmerkende blauwe glans.*

PROJECT MOOIE AFSCHERMER

Als u een lelijke schutting aan het oog wilt onttrekken, plant er dan *Viburnum plicatum tomentosum* voor. Deze groeit breed uit en spreidt zijn takken uit in tot 3 m lange, horizontale lagen. Verf de schutting voor het planten in een contrasterende kleur, zodat de bleke bloemen goed uitkomen.

Om de zijwaartse groei te bevorderen, snijdt u de centrale stam op ca. 1,5 m af. Om de takken horizontaal te houden, bindt u ze aan de schutting vast.

NIET VERGETEN

TRAGE GROEIERS

De meeste sneeuwballen zijn grote struiken. Zet ze niet te dicht bij een pad of raam. Beplant open plekken met vaste planten of eenjarige seizoenbloeiers, tot de sneeuwbal na een paar jaar volgroeid is.

Alle sneeuwballen houden van vochtige omstandigheden.

Werk bij het planten ruim turf of turfvervanger door de grond bij de wortels om ze te helpen aanslaan en geef zelfs goed gewortelde planten bij langdurige droogte en warmte ruim water.

S & O Mathews

Een van de aantrekkelijkste aspecten van sneeuwballen is de kleur die hun bessen 's winters brengen. De glanzende, rode vruchtjes van V. betulifolium *blijven, nog lang nadat de bladeren zijn gevallen, aan de takken zitten.*

worteld is. Zelfs als er geen bessen verschijnen, zijn deze struiken de moeite waard vanwege de schoonheid van hun bloemen en bladeren.

Hoewel veel sneeuwballen bessen vormen, zijn veel daarvan blauwzwart en vrij onopvallend. Andere zien er daarentegen zeer levendig uit. Een prima keuze is *V. betulifolium*, die trossen kleine, glanzend rode bessen vormt die zo groot zijn dat de takken onder hun gewicht gaan hangen. Dit is een grote heester van 3 m hoog en breed met donkergroene bladeren. Andere mogelijkheden zijn *V. opulus* 'Xanthocarpum', met goudgele bessen, en *V. lantana* (wollige sneeuwbal) met langwerpige bessen die langzaam van rood naar zwart verkleuren.

De bekendste en misschien wel meest geplante heester van deze familie is *V. davidii*. Hoewel hij minder opvalt dan sommige andere soorten, ziet hij er het hele jaar aantrekkelijk uit. Hij is groenblijvend, met grote, ovaalgepunte, donkergroene bladeren en diepe nerven. Deze bladeren zijn op zich al mooi, maar vormen in de vroege zomer een perfecte achtergrond voor de bescheiden trossen witte bloemen.

Photos Horticultural

Planten huwen

Als u een mannelijke en een vrouwelijke plant hebt, kunt u overgaan tot kruisbestuiving om paarsblauwe bessen te verkrijgen. *V. davidii* is een relatief lage, breed uitgroeiende heester die 1 m hoog en 1,5 m breed wordt. In een grote tuin is het een nuttige bodembedekker.

Een andere groenblijver is *V. rhytidophyllum*. Zijn bloemen zijn gebroken wit en zijn glanzende rode bessen worden zwart als ze rijp zijn. Hij heeft echter erg grote, gerimpelde bladeren die niet iedereen mooi vindt, en hij heeft een goede grond en beschutting nodig om te floreren. Hij wordt ook erg hoog – tot 4,5 m.

Spinachtige toverhazelaars

De sterke punten van de traaggroeiende toverhazelaar zijn een schitterende herfsttooi en geurende, fijngevormde winterbloemen.

Toverhazelaars groeien uit tot bladverliezende heesters of kleine bomen en zijn op hun best als de meeste andere planten rusten. In de herfst verkleuren de hazelnootachtige bladeren van groen naar botergeel, warm oranje of gloeiend rood, afhankelijk van de soort en de variëteit.

Als de bladeren vallen, verschijnen er vreemd gevormde bloemen met gekreukelde, spinachtige blaadjes. Ze hangen er aan de kale takken bij als gekronkelde papieren slingers, en vlak bij de bloemen zitten de restanten van de zaadpeulen van het jaar daarvoor.

Hoewel toverhazelaars de rest van het jaar niet opvallen, zijn ze toch zeer decoratief. In de lente barsten de bladknoppen open, vol als ze zijn met het groene blad dat weldra de hele boom overvloedig zal tooien.

Toverhazelaars zijn gedurende hun lange jaren van trage groei altijd aantrekkelijk. Het zijn gemakkelijke struiken van uiteindelijk 3 m hoog en breed, die alom gewaardeerd worden omdat ze altijd bloeien en geen problemen opleveren. Ze zijn zeer winterhard, worden niet bezocht door ziekten of plagen, en in tegenstelling tot veel andere bomen hoeven ze niet gesnoeid te worden.

Aziatische soorten

Op basis van geografische oorsprong kan men toverhazelaars in vier hoofdgroepen indelen.

Uit China komt *Hamamelis mollis*, die 3 m hoog wordt en een struikvorm heeft. De bladeren worden geel voor ze vallen en de geurige bloemen hebben

Andrew Lawson

Eric Crichton

PLANTPROFIEL

Geschikte plek en grond Zon of lichte schaduw in goed doorlatende, maar vochtige, leemachtige grond, liefst kalkvrij en beschut tegen harde wind.
Planten Plant in voor- of najaar. Doe goed verteerd organisch materiaal in het plantgat. Houd de entplek aan de voet van de stam bovengronds. Ruim begieten en de grond rond de heester met een laag bladaarde of compost bedekken.
Verzorgen In de lente met mest bestrooien of vloeibare mest geven. Mulch van bladaarde vervangen. Dood of ziek hout verwijderen, maar **nooit** stevig snoeien. Wees zuinig met het afsnijden van twijgjes of bloemen voor boeketten en doe dat alleen bij oudere, stevig gewortelde planten.
Vermeerderen Zaad ontkiemt pas na twee jaar en de resultaten zijn niet altijd goed. U kunt ook vermeerderen door 's zomers stekken te nemen of door in de herfst lange wortelscheuten af te leggen. Beide methoden kosten tijd en vereisen speciale omstandigheden.
Ziekten en plagen Normaliter geen problemen.

een doorsnede van 2,5 cm. De bloemen zitten in trossen dicht op de stam, soms met een blos onderaan de kroonbladeren. *H. mollis* 'Pallida' is gemakkelijk te verkrijgen en erg populair, heeft citroengele bladeren en geel herfstblad. Hij is een aanwinst voor een zonnige heesterborder en ziet er, volgroeid, fantastisch uit tegen een groenblijvende achtergond.

Uit Japan komt *H. japonica*, die met 4,5 m hoogte bijna het formaat van een boom heeft. De takken vormen een open, waaiervormige kroon. De kleur van de bloemen is bleek en minder fraai dan die van *H. mollis*, en bij sommige variëteiten blijven de herfstbladeren tot in de winter aan de boom zitten. Het opzienbarende effect van uitbundig bloeiende bloemen aan kale takken gaat dan verloren, omdat de bloemen vaak achter het oude blad schuil gaan.

Hybride toverhazelaars (*H.* x *intermedia*) stammen af van *H. mollis* en *H. japonica*. De bijzonder mooie bloemen vertonen een rijker kleurenspectrum, en sommige variëteiten hebben een oogverblindende herfsttooi, die kan variëren van geel tot koperrood.

De bloemen van Hamamelis vernalis *zijn klein en vaak onopvallend, maar de herfsttooi is verbluffend. Dit geldt met name voor de variëteit 'Sandra' (boven), die de hele herfst vlammend koperrode bladeren heeft.*

Photos Horticultural

De citroengele bladeren van Hamamelis *'Pallida' groeien in bosjes aan kale takken (rechts) en fleuren elke wintertuin op. Plant hem samen met andere planten die 's winters de aandacht trekken, zoals een groenblijvende* Sarcococca confusa *met zijn kleine, witte bloemetjes en zwarte bessen, en u hebt een prima blikvanger vlak bij huis.*

Amerika

De meeste toverhazelaars voor in de tuin worden geënt op de krachtige onderstam van *H. virginiana*. De eerste Engelse kolonisten in Amerika verwarden deze plant met hun eigen inheemse hazelaar en gebruikten de takken als wichelroede om

AANBEVOLEN VARIETEITEN

Naam	Hoogte	Bloemen	Bladeren
H. mollis 'Pallida'	3 m	geel, geurend	goudgeel
H. japonica 'Sulphurea'	4,5 m	lichtgeel, geurend	geel
H. x *intermedia* 'Diane'	3 m	rood, licht geurend	geelachtig rood
H. x *intermedia* 'Jelena'	3 m	roestbruin, geurend	oranjerood
H. x *intermedia* 'Vezna'	3 m	geel met rode blos, geurend	geel
H. vernalis 'Sandra'	3 m	kleine bloempjes	tinten oranje en rood

GOEDE IDEEEN

WINTERVUUR

Voor een optimaal effect plant u hybriden met warm, koperrood blad, zoals *H.* x *intermedia* 'Jelena' en 'Magic Fire', waar zonnestralen ze in de winter doen opvlammen.

water op te sporen – helaas zonder succes. Ze noemden hem *wych hazel*, naar een Oudengels woord dat buigen betekent, wat later *witch* (heks) *hazel* werd.

Uit Noord-Amerika komt ook *H. vernalis*. Zijn kleine blaadjes gloeien geeloranje op en uit hun gekleurde kelk stijgt een rode blos op. De bloemen sluiten zich bij extreme kou en de blaadjes worden donkergeel in de herfst. *H. vernalis* 'Sandra' is waarschijnlijk de verbluffendste toverhazelaar als het op herfstkleuren aankomt.

Toverhazelaars zijn duur, omdat ze traag groeien en ze lastig te vermeerderen zijn. Ze worden meestal niet te koop aangeboden voordat ze vier jaar oud zijn en worden 1,5 m hoog. Daarna duurt het nog vele jaren voor ze volgroeid zijn. Hoewel jongere struiken goedkoper kunnen zijn, zijn ze vaak nog niet sterk genoeg om het in de tuin te overleven.

Welke plek?

Zet heesters met weinig herfst- en winterkleur zo neer dat u niets van hun kortstondige schoonheid hoeft te missen. Als u vlak bij huis een vochtig, leemhoudend, kalkvrij plekje in de zon hebt, reserveer dat dan voor winterheesters. Zo kunt u vanuit de keuken of de woonkamer genieten van hun kleuren. Een jonge toverhazelaar zal in de herfst en winter een kleurrijke bijdrage leveren, zij het een kleine.

Als solitaire heester kan de toverhazelaar een geïsoleerde indruk maken tot hij een goede bedekking van ovale blaadjes heeft ontwikkeld. Geef hem als contrast een onderbeplanting van krokussen, winterakoniet

David Russell/Garden Picture Library

Photos Horticultural

of hondstand om de bloemen van de toverhazelaar te accentueren. Als de toverhazelaar wat groter is, maakt hij zijn aanwezigheid in alle seizoenen kenbaar. Een ander harmonieus kleureffect kan worden bereikt door toverhazelaars te combineren met geel- of groenstammige kornoeljes.

De citroenachtige kleuren van de toverhazelaars in combinatie met de kornoeljestammen fleuren zelfs de somberste winterdag op. Natuurlijk hoeven toverhazelaars niet solitair geplant te worden. Maak echter alleen combinaties van variëteiten met dezelfde kleuren: de warmere, koperen tinten gaan niet goed samen met scherpe, heldergele tinten. Voor een mooi herfsteffect plant u drie of vier hybriden in een haagje of een type in een cirkel om een open plek na te bootsen. Ga na hoe breed ze worden en plant ze ver genoeg uit elkaar.

U kunt toverhazelaars in de lente en de zomer wat interessanter maken door ze als steun te gebruiken voor *Clematis viticella* en gewone hop. In de herfst worden deze klimplanten gesnoeid of sterven ze vanzelf af, zodat de toverhazelaar dan het

John Glover/Garden Picture Library

Een volgroeide Hamamelis mollis *'Pallida' is een goede blikvanger. Hij groeit meer omhoog en minder in de breedte dan andere soorten van dit geslacht (rechts). Hij kan in een geïsoleerd bed staan middenin een gazon of, zoals hier, in een omgeving van winterbloeiende sneeuwheide (*Erica carnea*).*

NIET VERGETEN

ENT HOOG

Zorg dat de entplek, zichtbaar als een knobbeltje aan de voet van de stam, niet door aarde bedekt wordt als u de toverhazelaar plant, anders kunnen zich uitlopers vormen die de topgroei belemmeren.

Harry Smith Collection

*De hybride toverhazelaars (*Hamamelis x intermedia*) stammen af van Aziatische variëteiten en vallen op vanwege de warme kleuren van hun bloemen. De zoetgeurende, oranje bloemen van 'Jelena' (boven) herhalen de kleurschakeringen van de herfstbladeren, terwijl de spinachtige bloemen van 'Diane' (rechts) naar rood neigen. 'Feuerzauber' syn. 'Magic Fire' is een uitzondering op de regel: de bloemen blijven achter bij de paarse en scharlaken kleurenpracht van de herfsttooi.*

rijk alleen heeft met zijn warme kleuren. Voor een winteraccent in een grote tuin plant u toverhazelaars achterin en langs de zijkanten van een gemengde border van heesters en overblijvende planten. Als ze geworteld zijn, steken de toverhazelaars boven de andere planten uit, zodat de border er qua hoogte en vorm interessanter uitziet. Plant een toverhazelaar voor een groenblijvende haag van coniferen, zodat de kleuren intenser overkomen.

Keuze

Nieuwe hybride toverhazelaars, waaronder 'Moonlight' en 'Sunburst', hebben grote, geurende gele bloemen en bieden dezelfde charmes als *H. mollis* 'Pallida', die ten zeerste wordt aanbevolen vanwege zijn betrouwbaarheid, zijn grote, geurende bloemen en langdurige bloei tijdens de winter.

De mooiste herfstkleuren levert *H. vernalis* 'Sandra', met warme, koperrode en oranje bladeren. Hij is ook decoratief in de lente, als zijn blad een paarse blos heeft. Net als de hybride 'Hiltingbury' heeft hij kleine bloemen. Van de hybriden heeft 'Hiltingbury' de mooiste herfsttooi.

Photos Horticultural

Van alle hybride toverhazelaars heeft H. x intermedia *'Hiltingbury' misschien wel de beste, opvallendst gekleurde herfsttooi (boven), maar zijn bloemen zijn klein en onbeduidend. U kunt waarschijnlijk beter wat herfstkleuren aan een border toevoegen dan de plant als zelfstandige blikvanger planten.*

PERFECTE PARTNERS

Hamamelis mollis 'Pallida', met zijn gele bladeren en fijne geur, contrasteert uitstekend met de heldere kleuren van cyclamen, winterakonieten en sneeuwklokjes in een kleurrijk tapijt rond de voet van de heester.

Planten

Toverhazelaars groeien het best op een zonnige, open plek, maar ze hebben wel beschutting nodig tegen harde wind. In lichte schaduw doen ze het weliswaar goed, maar een spectaculaire herfsttooi en massa's winterbloemen krijgen ze alleen als ze in het bloeiseizoen volop zon krijgen.

De bloemen bezwijken alleen onder extreem strenge vorst en harde wind. Ze geven kleur aan een koud jaargetijde. Ze gedijen het best op kalkvrije, goed doorlatende, maar vochtige grond. Zorg dat de entplek niet met grond bedekt is. Mulch de grond rond de struik met bladaarde of goed verteerd compost om verdamping tegen te gaan.

Schatten van bessen

Bessen zijn juwelen van kleur die de herfstnuances verrijken en het winterlandschap verfraaien om de tuin in triomf naar de lente te voeren.

Collections/Patrick Johns

Een rijke besoogst is de laatste schat van een goede zomer. De schoonheid van scharlaken en karmozijnen vruchten verrijkt de vlammende herfstnuances, terwijl de paarse en glanzend zwarte bessen een opmerkelijk contrast vormen met het oranje en geel van de stervende bladeren. Wanneer de kleur van bloemen schaars is en de bladeren zijn gevallen, blijven sommige bessen nog lang hun glans behouden, soms tot de eerste bloembollen de terugkeer van de lente aankondigen.

Ook vogels houden van bessen, vooral in de winter, als er weinig voedsel is, en tuiniers zullen altijd gefrustreerd raken door de plotselinge ontdekking dat hun kostbare oogst van rijpe bessen van de nu kale takken is gevreten door tientallen hongerige snaveltjes.

Lijsters, vinken, mezen en vele andere, vaak gevleugelde bezoekers komen op de bessestruiken af – op de hulst die moest dienen als feestversiering, de lijsterbes en de cotoneaster. Dat is meteen de reden waarom planten zo veel bessen krijgen. Ze verbergen hun zaden in deze schitterend gekleurde, vlezige vruchtjes die het spijsverteringskanaal van de vogels onverteerd passeren en daarna belanden op plekken ver van de moederplant.

Een bes wordt gedefinieerd als "een vrucht met zaden omgeven door vruchtvlees, die in tegenstelling tot zaadpeulen niet openbarst". Deze definitie is van toepassing op veel eetbare tuinvruchten en gekonfijte vruchten, zoals de geurende, gele vruchten van de Japanse kwee (*Chaenomeles*) en de kleine vruchten van de wilde appel (*Malus*). Rode bessen worden vaak het eerst door vogels opgegeten, maar bessen zijn er in vele kleuren, zoals wit, geel, oranje, karmozijn en blauwzwart. Een goede verzameling bessestruiken komt tegemoet aan de wensen van de tuinier en van dieren die voedsel zoeken.

Heesters die dicht bij het huis staan, behouden hun bessen vaak langer, omdat vogels in het begin nog te schuw zijn en op zoek gaan naar veiliger oorden. Ook de omvang is van belang: wilde appels zijn te groot om weg te slepen, hoewel vogels er wel van pikken.

Als de bladeren zijn gevallen en de zomerbloemen nog een vage herinnering zijn, kunnen bessen de tuin met kleur levendig houden. De oogst van Cotoneaster *x* watereri *'John Waterer' (boven) is echt heel groot.*

MANNELIJK EN VROUWELIJK

De individuele planten van verscheidene besvormende soorten zijn eenslachtig — het zijn of bestuivende mannetjes of vruchtdragende vrouwtjes. In die gevallen hebt u er van elk ten minste één nodig om zeker te zijn van bevruchting en een betrouwbare besoogst.

Hulst is een geliefde tuinbewoner, die gekweekt wordt om zijn blad en zijn scharlaken bessen. De gewone hulst (*Ilex aquifolium*) is zeer besrijk en kan nogal groot worden, maar zorgvuldige snoei houdt de kleinere variëteiten klein genoeg voor de meeste tuinen.

Van de vele vrouwelijke soorten draagt 'Handsworth New Silver' rode bessen en grijsgespikkelde, witgerande bladeren, terwijl 'Amber' groene bladeren heeft met bruingele bessen. 'Ferox Argentea' is met zijn donkere, crèmegerande bladeren en veel kleine crème stekels een nuttig mannetje. U kunt ook een van de volgende twee zelfbestuivende variëteiten kiezen: 'J.C. van Tol' en 'Pyramidalis'. Laat u niet misleiden door de naam van sommige variëteiten die het verkeerde geslacht impliceren. 'Golden Queen' is bijvoorbeeld een mannelijke boom.

Hulst is zo wijd en zijd verbreid dat het goed mogelijk is dat er een mannelijke plant in een naburige tuin staat, zodat u alleen een vrouwtje hoeft te planten. Dit is waarschijnlijk echter niet het geval met de duindoorn (*Hippophae rhamnoides*), een 6 m hoge treurheester met zilver- of saliegroen, wilgachtig blad en oranje bessen.

Pernettya mucronata barst van de herfst tot de late lente van de dichte trossen witte, roze, paarse of rode bessen en is een onmisbare, compacte heester die in kalkvrije grond 60-90 cm hoog wordt. 'Mother of Pearl' (zachte, roze bessen), 'White Pearl' (glanzend wit) en 'Lilacina' (roodachtig lila) zijn goede vrouwtjes. 'Thymifolia' is een sierlijke mannelijke variant.

Andere goede, overwegend eenslachtige, groenblijvende, besvormende heesters zijn skimmia's, aucuba's en planten van het geslacht *Ruscus*, waaronder muisdoorn (*R. aculeatus*).

herfstbanket van vogels met talloze kleurrijke bessen aangevuld, maar de grote, opvallende, rode bessen van *C. prunifolia* en *C. crus-galli* lijken het de hele winter vol te houden.

De laatste twee soorten zijn met hun mooie herfsttooi heel geschikt als kleine boom op een gazon of naast een border.

Dat geldt ook voor de magnifieke lijsterbes (*S. aucuparia*) met zijn decoratieve blad, zijn vaak fraaie herfstkleuren en zijn massa's witte, roze, gele, oranje of rode bessen. Veel bomen worden te groot voor een kleine tuin. De lijsterbes heeft dan ook de ruimte nodig, want hij kan meer dan 9 m hoog worden. Overigens houdt hij niet van ondiepe, kalkhoudende grond).

Als u uw bessen langer wilt behouden, moet u kleuren nemen die minder aantrekkelijk zijn voor vogels. Neem bijvoorbeeld *S. cashmiriana* met zijn hangende trossen grote, witte, knikkerachtige vruchten die

Clive Nichols/Garden Picture Library

Iedereen met een rozentuin weet dat rozebottels een echt feestmaal voor vogels vormen. Rozebottels in de herfst kunnen net zo aantrekkelijk zijn als de kleurrijke bloesems in de zomer.

Bottels en bessen

De bladeren van *Rosa rubrifolia* syn. *R. glauca* hebben een blauwpaarse blos, waartegen eerst kleine kersrode bloemen en later grote, rode rozebottels fantastisch afsteken. Grote, opvallende rode flacons nemen de plaats in van de donkerrode bloemen van *R. moyesii* 'Geranium', een geschikte soort voor de kleine tuin.

Dankzij de verwante meidoorn (*Crataegus*) wordt het

Harry Smith Collection

Pernettya mucronata *(boven) is een lage, dichte, eenslachtige heester. Aan de vrouwtjes groeien witte bladeren en verschillend gekleurde bessen; afhankelijk van de variëteit wit tot roze en rood tot paars.*

Soms houdt de vuurdoorn zijn bessen de hele winter, zodat ze strijden om ruimte met de lentebloemen (links).

nog lang blijven zitten nadat de bladeren zijn gevallen.

Een van de spectaculairste bessenstruiken is de cotoneaster, die veel gekweekt wordt door tuiniers en zeer in trek is bij vogels. De takken van *C. horizontalis* volgen een visgraatpatroon en zitten vol helderrode bessen die perfect passen bij het schitterende herfstblad. De boom is perfect voor een haag.

Cotoneasters

De bessen van de cotoneaster hebben uiteenlopende kleuren en blijven wat langer zitten. Sommige variëteiten van *C.* x *wateri* zijn kleine, groenblijvende treurboompjes van ca. 4,5 m hoog, met grote trossen bessen die tot in de winter blijven zitten. De gele bessen van 'Pink Champagne' krijgen een roze blos van ouderdom; die van 'Rothschildianus' zijn crèmegeel.

Vuurdoorns (*Pyracantha*) en zuurbessen (*Berberis*) zijn ook prachtige bessen. Met zorgvuldige snoei en gewenning kunnen de groenblijvende vuurdoorns van onschatbare waarde zijn voor een muur op het noorden; de planten zullen massa's bessen krijgen, variërend van oranjerood ('Mohave') tot oranjegeel ('Soleil d'Or').

Photos Horticultural

Net als sommige vuurdoorns zijn zuurbessen ideaal als haag. Het blad van de bladverliezende *B. thunbergii* met zijn rode bessen krijgt in de herfst een warme kleur, terwijl de groenblijvende *B. darwinii* in de lente spectaculaire trossen goudgele bloemen krijgt en in de herfst donker paarsblauwe bessen.

Stranvaesia davidiana, een lid van de rozenfamilie, is groenblijvend, maar zijn blad krijgt in de herfst soms een rode blos, waarmee hij het effect van de hangende trossen scharlaken bessen versterkt.

Rood, zwart en blauw

Er zijn allerlei soorten bosbessen die het erg goed doen op kalkvrije grond, variërend van bodembedekkers tot hoge strui-

*Bessen van het geslacht meidoorn (*Crataegus*) zijn bij vogels erg in trek, hoewel de bessen van* C. prunifolia *er meestal in slagen om lang genoeg aan de boom te blijven hangen om tegenwicht te bieden aan de goudkleurige herfsttooi (boven).*

Alle bomen van het geslacht Sorbus *zijn goede besdragers, hoewel vele te groot worden voor de gemiddelde tuin.* S. cashmiriana *(rechts) is een goed voorbeeld: hij wordt gemakkelijk 9 m hoog. De meeste lijsterbessen krijgen rode of oranje bessen, maar deze soort heeft trossen dikke, ronde vruchten die aan rode takjes hangen.*

Gillian Beckett

VEILIGHEID VOOR ALLES

MOOI, MAAR DODELIJK

Sommige bessen zijn erg giftig als ze worden gegeten en zijn bijzonder gevaarlijk voor kinderen, die vaak worden aangetrokken door de heldere kleuren. De vruchten van de cotoneaster, gevlekte aronskelk, hulst, klimop, jeneverbes, maretak, lampionplant en de beruchte, dodelijke nachtschade zijn bijvoorbeeld allemaal giftig. Deze lijst is niet volledig.

Ga na wat voor bessen er in uw tuin groeien. Maak jonge kinderen bewust van de gevaren van het eten van bessen zonder uw toestemming.

ken. De vruchten zijn eetbaar en worden vaak gekonfijt of als dessert gegeten. Ze variëren van rood tot blauwpaars en glanzend zwart.

Door zijn trossen heldere, metaalblauwe bessen springt *Symplocos paniculata* eruit in een herfstborder, vooral na een warme zomer.

Ook dit is een struik voor een kalkvrije bodem, en hij wordt zo'n 2 m hoog als hij beschutting krijgt.

Hypericum inodurum syn. *elatum* 'Elstead' is heel populair bij bloemschikkers vanwege zijn grote zalmkleurige bessen, die in de herfst aan zich vertakkende stammetjes zitten. De variëteit is wel gevoelig voor roest. Het is een struik van ca. 1 m hoog die hartje zomer veel kleine, goudgele bloemetjes met geprononceerde meeldraden produceert, wat kenmerkend is voor de soort.

De bloemen van de grotere *Callicarpa* mogen dan onbeduidend zijn, maar in de herfst worden het dichte trossen opvallende violette of lila bessen. *C. bodinieri giraldii* 'Profusion' is zeer besrijk; de kleur van de bessen is weelderig paarsblauw.

Een ander 'schoon besje' is de immer populaire blaaskers (*Physalis alkekengi*). Zijn helder oranjerode herfstbessen omgeven door opgeblazen, papieren, oranje kelken sieren al heel lang bloemstukjes en borders op. Als de winter nadert, worden de kelken bijna transparant en zijn de bessen zichtbaar door een netwerk van nerven.

Net als *Physalis* is *Iris foetidissima* gedurende een groot deel van het jaar relatief onopvallend en laat hij het vroege vuurwerk over aan andere planten. Maar in de herfst splitsen de zaadcapsules zich in drieën om rijen schitterend oranje bessen te laten zien.

Deze plant is bijzonder waardevol op nattere grond. Misschien vindt u dat geelbloemige variëteiten als 'Citrina' in de zomer iets meer te bieden hebben.

In de schaduw

Beschaduwde gebieden hebben veel behoefte aan licht en kleur. Witte bessen zoals de grote, knikkerachtige vruchten van de sneeuwbes (*Symphoricarpos albus laevigatus*) maken een lange neus naar elk somber plekje. De sneeuwbes houdt van zon, maar ook van schaduw, wordt ca. 2 m hoog en houdt zijn bessen de hele winter.

Trossen witte, erwtachtige vruchten sieren het christoffelkruid op (*Actaea alba* syn. *A. pachypoda*). Ze worden hoog in de lucht gedragen op contrasterend rode staken.

Vervelende banken of terrassen kunnen worden bedekt met de met juwelen behangen herfstopschik die *Cotoneaster conspicuus* 'Decorus' heet (talloze oranjerode bessen), met de rode bessen en bladeren met golvende randen van *Stransvaesia davidiana undulata* 'Prostrata' of de roze bessen van *Sorbus reducta*.

Veel groenblijvende bergtheesoorten zijn nuttige bodembedekkers, met urn- of klokvormige bloemen in de lente en de zomer, gevolgd door bessen in verschillende kleuren.

S & O Mathews

*De bessen van de lampionplant of blaaskers (*Physalis alkekengi*) (boven) zijn aan het zicht onttrokken door grote, opgeblazen, papierachtige bloemkelken, waaraan de soort zijn naam ontleent.*

Derek Gould

Ampelopsis brevipendunculata *is een winterharde klimplant, die echter wel om beschutting vraagt en om warme zomers, als hij tenminste een rijke oogst glimmende, gespikkelde bessen moet voortbrengen (links).*

Kleurrijke herfstbladeren

De vlammende tinten van herfstbladeren houden in de tuin een vuur van kleur gaande na het verscheiden van de bedwelmende zomerdagen.

S & O Mathews

De plantenwereld ondergaat met het verstrijken van de seizoenen een aantal ingrijpende veranderingen, maar bijna iedereen is het er wel mee eens dat degene die gepaard gaan met de overgang van herfst naar zomer wel het spectaculairst zijn.

Terwijl bladverliezende bomen en heesters zich aan het voorbereiden zijn op hun korte winterrust, vlammen hun stervende bladeren op in gloeiende gele, oranje en rode tinten voor ze neervallen om ritselend onder de voet te worden gelopen.

De fantastische effecten zijn van onschatbare waarde in de tuin nu de kleurenweelde van de zomerbedden begint te vervagen. Traditioneel maken bloemen een tuin het interessantst, maar ook bladeren met al hun verschillen in vorm, formaat, textuur en kleur spelen daarbij een belangrijke rol.

Het herfstlicht gloeit vaak bijna van warmte en laat de kleur van bladeren op haar voordeligst uitkomen. Dat helpt ons enorm bij het verdrijven van de somberheid waarmee we de korter wordende dagen en dalende temperaturen die de winter aankondigen, tegemoet treden.

De intensiteit van herfstkleuren varieert van jaar tot jaar, en het vuur is vaak van korte duur, want het wordt beïnvloed door de groeiomstandigheden en het onvoorspelbare weer – een harde wind kan een boom met frustrerende vaart zijn glorie ontnemen! De rijkste beloning krijgen we daarom vaak van soorten die ons meer dan mooie herfstkleuren bieden, zoals geurende lentebloemen of een fraai zomerblad, en dat geldt vooral voor de kleine tuin, waar elke plant hard moet werken

Herfstbladeren met bleke, gouden kleuren, zoals die van Nyssa sylvatica, *zijn op hun mooist als het licht van de opgaande zon ze beroert (boven), terwijl het volle, donkerrode herfstblad van het geslacht* Amelanchier *op zijn best is als het verleidelijk gloeit achterin een border (blz. 86, linksonder). Op deze foto staat hij tussen groenblijvende bomen die later in de herfst van kleur verschieten, zoals de zilverberk.*

ken om haar plaats te behouden. Bomen dragen het meeste bij aan herfstkleuren. Natuurlijk zijn de grote soorten voorbehouden aan open vlakten en parken, maar toch zijn er een paar die met hun 6-7,5 m hoogte gemakkelijk in de gemiddelde tuin kunnen staan.

Kijk eens naar *Parrotia persica* en de zijnen met hun vlammende gele, oranje en rode herfstbladeren en hun aantrekkelijke, schilferende schors, al is het alleen maar om inspiratie op te doen. De tupelo (de Amerikaanse *Nyssa sylvatica* en de Chinese *N. chinensis*) branden in de herfst met een schitterend vuur, terwijl de oranje en rode bladeren van *Amelanchier lamarckii* in de lente hun evenknie vinden in de stervormige witte bloempjes.

Kleinere bomen

Een overvloed van kleine bomen en heesters met een kleurrijke herfstlivrei bieden de tuinier met weinig ruimte vele mogelijkheden. Toverhazelaars (*Hamamelis* spp.) zijn ideaal als solitair, want ze maken de tuin het hele jaar door interessant: in de winter en de vroege lente met hun spinachtige, vaak geurende bloemen en in het najaar met hun herfstblad, dat bij *H. mollis* varieert van prachtig geel en koperkleurig tot rood. Het blad van *H. vernalis* 'Sandra' is paars als het jong is, wordt groen in de zomer en verandert daarna in een potpourri van rood, paars, koper en geel.

Verwant aan de toverhazelaar is de heester *Fothergilla major*, die vanwege zijn prachtige herfsttooi een prominente plaats in elke tuin verdient. Zijn donkergroene zomerblad krijgt een zacht, gemarmerd aanzien van geel, goud en oranje. Als hij met 2,5 m te hoog lijkt voor uw tuin, is de 1 m hoge, maar even geweldige *F. gardenii* een goed alternatief. Beide voorzien de lentetuin van een overvloed van witte, geurende borstelachtig bloemetjes.

Eric Crichton

Sneeuwballen worden het meest gewaardeerd om hun bijzonder fraaie, vaak geurende bloemen, maar sommige bladverliezende soorten zijn extra aantrekkelijk vanwege hun prachtige herfstkleur. *V. carlesii* en *V. grandiflorum* krijgen weelderige, wijnrode tot dieppaarse tinten die een donker, koeler tegenwicht kunnen bieden aan hun vurige buren.

In de nazomer produceert *Cotinus coggygria* massa's kleine, gele bloemstengeltjes. Hoewel ze op zich onbeduidend zijn, vormen ze samen opvallende pluimen die verschieten tot een rokerig grijsgroen tegen een decor van blozende herfstbladeren. 'Flame' is een uitstekende variëteit voor oranjerode schittering, terwijl het paarse blad

Fothergilla major *heeft kleine, geurige lentebloemen, maar hij wordt gekweekt om zijn veelkleurige herfsttooi (boven). De naam sierdruif (*Vitis coignetiae*) is goed gekozen. Met zijn bladeren verstikt hij 's zomers een zonnige muur, en daarna maakt hij goede sier als zijn blad een paarsachtige kleur aanneemt.*

Eric Crichton

KWEEKTIPS

DE JUISTE PLEK

Om zeker te zijn van mooie herfstkleuren, neemt u planten die passen bij de grondsoort in uw tuin, of past u de grond aan, bijvoorbeeld door kleinere heesters en bomen in kuipen te zetten. Japanse esdoorn, Amerikaanse bosbes en fothergilla gedijen bijvoorbeeld het beste in neutrale of zure grond. Kijk ook naar de behoefte aan zon of schaduw: parthenocissus staat niet graag in de volle zon.

Eric Crichton

BEKOORLIJKE ESDOORNS

Velen associëren de klassieke herfstkleuren vooral met esdoorns. Hoewel hun bevallige vormen en mooie bladvorm ze het hele jaar aantrekkelijk maakt, zijn ze nooit zo mooi als in de late zomer, wanneer hun blad in alle denkbare tinten geel, scharlaken en karmozijn opvlamt. Een aantal soorten kan niet alleen bogen op zijn bladerpracht, maar ook op een decoratieve schors.

Veel esdoorns zijn te groot voor de gemiddelde tuin, maar de Japanse esdoorns (*Acer palmatum* en *A. japonicum*) zijn het kleinst en groeien het traagst. Ze houden in de meeste tuinen jarenlang een hanteerbaar formaat en het is dan ook niet verwonderlijk dat ze, met hun verschillen in bladvorm en kleur, de meest voorkomende sieresdoorns zijn.

Een kort overzicht van een paar aantrekkelijke variëteiten: *A. palmatum* 'Atropurpureum'— bruinrood zomerblad dat karmozijn wordt.
'Dissectum'— een lage, ronde struik met fraai gevormd blad dat rood en soms geel wordt.
'Dissectum Atropurpureum'— bruinrood, fraaie bladvorm.
'Heptalobum Elegans'— diepgetand blad dat karmozijn wordt.
'Osakazuki'— diepgetand blad dat tinten oranje, scharlaken en karmozijn aanneemt.
'Senkaki'— koraalrode takken en gele herfsttooi.
A. japonicum 'Vitifolium'— grote waaiervormige bladeren die rood, oranje en paars worden, terwijl de boom in het midden vaak groen blijft.
'Aureum'— zachtgeel zomerblad dat rood wordt.
Acer griseum is een grotere boom, die tot 7,5 m hoog wordt, maar hij groeit net als de andere erg traag.

Zijn schors is altijd aan het schilferen om de geelbruine onderschors te tonen. Zijn bladeren zijn in de herfst oranje, scharlaken en karmozijn.

U moet twee zaken goed in de gaten houden als u een van deze luisterrijke bomen wilt aanschaffen.

U moet ze beschutten tegen wind en de grond moet neutraal of zuur zijn, hoewel de meeste soorten wel een beetje kalk kunnen verdragen.

John Glover/Garden Picture Library

Gillian Beckett

van 'Notcutt's Variety' de zomer extra opfleurt. Later wordt hij aantrekkelijk donkerrood.

Bladvormen

De vorm van het blad speelt een belangrijke rol bij het bepalen van de kleursterkte en het effect van een plant binnen het algehele ontwerp. Grote, eenvoudig gevormde bladeren zoals die van de klimmende sierdruif (*Vitis coignetiae*) verschaffen andere planten in de lente en zomer een indrukwekkende, sculpturale achtergrond en accentueren in de herfst het levendige kleurenpalet van tinten koper, rood en paars.

Ingewikkelder bladvormen creëren daarentegen een zachtere, mooiere indruk. Van de populaire en bijzonder fraaie Japanse esdoorns (*Acer palmatum*) heeft 'Dissectum' uitzonderlijk fijne bladeren die de verbluffende herfstkleuren een heiige aanblik verlenen.

De fluweelboom (*Rhus typhina*) is gemakkelijk te herkennen aan de aparte vorm van zijn bladeren. Zijn slepende takken met varenachtig bladeren, die nog fijner van vorm zijn bij 'Laciniata', veranderen in een fonkelende mengeling van rood, oranje en geel.

Bessen en bladeren

De gevleugelde kardinaalshoed (*Euoymus alatus*) en de cultivar 'Compactus' zijn niet zo populair, maar ze stralen als een baken in de herfst. De spits toelopende bladeren hangen neer in fantastische nuances karmozijn en scharlaken, en door te vallen, onthullen ze de kurkachtige vleugels aan de kale wintertakken.

Bessen spelen een vooraanstaande rol in de laatste maanden van het jaar en het gebladerte kleurt alsof het wil wedijveren in opzichtigheid. Bij sommige lijsterbessoorten wordt de schitterende schoonheid van de bessenpracht geëvenaard door de vlammende tinten geel, brons en scharlaken van de sierlijke, geveerde bladeren. Bomen van dit geslacht zijn vaak hoog, maar de kleine *S. reducta* wordt maar 60 cm en wordt bronsrood of paars met roze bessen.

Ook de cotoneaster staat vooral bekend om zijn bessen, maar ook hier proberen som-

*De gelobde bladeren van de Japanse esdoorn (*A. palmatum*) zijn aantrekkelijk genoeg als ze groen zijn, maar in de herfst krijgen ze schitterende tinten helderrood (geheel boven).*

Euonymus alatus *'Compactus' (boven) is een dichte, lage heester waarvan de bladeren eerst paars en dan helderscharlaken worden voor ze vallen.*

Parthenocissus tricuspidata *'Veitchii' is familie van* P. quinquefolia *en een even goede klimmer. De bladeren zijn eerst rood en goudkleurig en worden dan donkerpaars (blz. 88, boven).*

Berberis wilsoniae *is een dwergzuurbes waarvan het herfstblad contrasteert met de bessen (blz. 88, onder).*

Harry Smith Collection

Neil Holmes

aan het oog te onttrekken en tegelijkertijd een mooie achtergrond te vormen voor andere planten. *Parthenocissus* heeft spectaculaire herfstkleuren – de meesten van u zullen de rode, oranje en karmozijnen kleuren van *P. quinquefolia* wel kennen. Maar ga ook eens op zoek naar *P. tricuspidata* 'Veitchii', die prachtig donker roodpaars wordt. De witte en roze bonte bladeren van *P. henryana* zijn in de zomer een lust voor het oog en adembenemend in de herfst, wanneer ze schitterende tinten rood aannemen. Van de druiven is *Vitis* 'Brant' vooral de moeite waard vanwege zijn opvallend gele en roodbruine bladeren met contrasterende groene nerven.

Hagen

Hagen worden veel te veel geassocieerd met groenblijvende planten. Bladverliezende bomen vormen een aantrekkelijk, wisselend scherm dat de wisselingen van het seizoen weerspiegelt. Als u ruimte hebt, is berk (*Fagus*) een uitstekende keus. Hij is gemakkelijk in vorm te snoeien en kleurt prachtig in de herfst. De zuurbes (*Berberis*) omvat verscheidene bladverliezende soorten met vlammende herfsttinten, zoals *B.* x *rubrostilla* en de dwergvorm *B. wilsoniae. B. thunbergii* is een uitstekende haag voor een kleine tuin en krijgt trosjes bleekgele lentebloemetjes gevolgd door scharlaken besjes en donkerrode blaadjes. 'Atropurpurea Nana' is een goede dwergvorm voor borderranden of lage afscheidingen en heeft de hele lente en zomer lang paarsrood blad.

Een goede combinatie van groenblijvende planten levert contrasterende nuances grijs, weelderig groen, zelfs blauw, zodat de felle herfstgloed van bladverliezende bomen beter uitkomt. Bovendien veranderen groenblijvers soms ook fraai van kleur. Coniferen worden in de herfst vaak bronskleurig met een tintje paars, en de glanzende donkergroene bladeren van *Mahonia aquifolium* krijgen bij het naderen van de winter een paars tintje. Veel bamboes, grassen en varens zien er in de herfst op hun mooist uit. Ook zij voegen vormvariaties toe, evenals lichtere, koelere kleuren. Sommige veranderen zelfs in de herfst. Het gras *Hakonechloa macra* kan veerachtige pluimen met roodbruine bloemen krijgen, terwijl de bladeren van de koningsvaren (*Osmunda regalis*) verkleuren naar een mooie roodbruine tint.

mige bladverliezende soorten onze blik te vangen met hun vlammende herfsttooi. *C. horizontalis*, waarvan de takken een visgraatpatroon vormen, is een uitstekende muurbedekker, maar de kleinere *C. adpressus*, waarvan de bladeren golfachtig gerand zijn, is ideaal voor rotstuinen en borders.

Koks verwerken in desserts en confiture de vaak eetbare vruchten van de cranberrysoorten, maar deze bladverliezende bomen zijn alleen al mooi vanwege hun stralende herfstkleuren. Kijk uit naar de helderrode *V. corymbosum* of de lage bes *V. angustifolium laevifolium.*

Klimmers

Als geen ander weten klimplanten muren en lelijke objecten

PERFECTE PARTNERS

Maak optimaal gebruik van de herfstkleuren door soorten bij elkaar te planten. Vanwege hun schitterende pracht maken de gevleugelde kardinaalshoed en Japanse esdoorn de meeste indruk als u ze plant tegen een achtergrond van koelere, in kleur contrasterende groenblijvende planten, maar laat de vlammende herfstkleuren terugkomen in die van rode en gele vaste planten als zonnehoed, vuurpijl en margriet. Accentueer de volle warmte van donkerpaarse bladeren door een onderbeplanting van wit en roze. Neem daarvoor herfstasters, of herfstkrokussen en cyclamen.

Het blauw van Aster ericoides *blust het vuur van* Rhus trichocarpa.

Een groenblijvende tuin

Een groenblijvende tuin is weelderig, beschut en besloten en heeft het hele jaar door blad. Toch kunt u net zo veel kleur en seizoenaccenten aanbrengen als u wilt.

Een tuin vol groenblijvers is twaalf maanden per jaar mooi en kan net zo interessant zijn als de conventionele gemengde tuin. Bovendien wordt u met zo'n tuin niet langer geplaagd door vallende bladeren en ziet uw tuin er in de winter nooit teleurstellend kaal uit.

Deze tuinen zijn ideaal waar privacy en afscherming van lelijke plekken hoog op het prioriteitenlijstje staan. Veel stadstuinen hebben te lijden van schaduwvorming, maar dat levert geen probleem op voor groenblijvende planten, die veelal gedijen in de schaduw. Een combinatie van zorgvuldig gekozen groenblijvers en witgeschilderd latwerk is een effectieve manier om een souterrain op te fleuren. Omdat stadstuinen vaak klein zijn, telt elke vierkante meter en bieden dwergvariëteiten dus uitkomst.

Denk groen!

Ook tuinen in buitenwijken profiteren van de afscherming en privacy die dichte groenblijvende beplanting ons biedt in de vorm van de gebruikelijke haag of groepjes heesters. In een grote tuin kunt u voor een groenblijvende 'tuin in een tuin' kiezen, of voor magnifieke heesters zoals de eucalyptus, libanoncipres of zelfs voor de groenblijvende magnolia, mits hij de beschutting van een muur krijgt.

Groenblijvende heesters kunnen variëren van een paar centi-

Deze prachtige tuin (rechts) laat zien dat groenblijvende planten niet altijd groen zijn. Thuja plicata *'Collyer's Gold' en roze en witte heide voegen kleur toe.*

Eric Crichton

Derek Gould

U heeft zich absoluut niet te beperken tot Scandinavisch uitziende coniferen; u kunt ook een keuze maken uit de vele tropisch uitziende soorten. Yucca filamentosa *'Variegata' (links) heeft veel dreigende, speerachtige tongen met een opvallend bonte schakering. De ongewone vorm verleent een interessant reliëf aan de contouren van uw tuin.*

David Squire

De lage hosta's (rechts) zijn het hele jaar ideale bodembedekkers. De diepgenerfde bladeren vertonen een breed kleurenpalet, variërend van het ongewone blauw van 'Blue Cadet' tot de bonte tekening van H. fortunei *'Aureomarginata'.*

meter hoge bodembedekkers tot enorme woudreuzen, en van volkomen winterhard tot vorstgevoelig. Ze kunnen traag groeien en weinig verzorging vergen, maar ook regelmatige snoei en bescherming tegen winterkou en droge zomers nodig hebben. Sommige, zoals het zonneroosje, leven maar kort en andere, zoals de groenblijvende eik, worden honderden jaren oud.

De juiste plek

Pas de keuze van uw planten aan aan de groeiomstandigheden in uw tuin. Rododendrons en camelia's hebben bijvoorbeeld koele, zure of neutrale grond nodig; andere verdragen zware schaduw, terwijl moerasandijvie en clematis juist zon nodig hebben om te gedijen.

De snelheid waarmee ze groeien en de uiteindelijke grootte moeten in ogenschouw worden genomen, en dat geldt vooral voor coniferen, waarvan sommige dwergachtig blijven

Harry Smith

Harry Smith

David Squire

Voor fraai gevormde bladeren èn heldere kleuren moet u bij Choisya ternata *'Sundance' zijn (boven). De tere bloemen lijken op oranjebloesems. De blaadjes geuren zoet, en als ze geplet worden, verspreiden ze een heerlijk aroma.*

Vinca major *'Variegata' (rechtsboven) ziet er robuuster uit en wordt 30-60 cm hoog en ruim 1 m breed. De glanzend groene bladeren hebben een gouden rand en in de lente en herfst komen er bleekblauwe bloemen aan de takken.*

U hoeft niet uw hele tuin vol groenblijvende planten te zetten; een klein stukje volstaat. Een groot bed aan de zijkant van een huis (links) is veranderd met een schitterend resultaat. Deze groenblijvende planten zijn gekozen voor een optimaal contrast in kleur, textuur, hoogte en vorm, en vele ervan zijn aromatisch.

WOORDENBOEK VOOR TUINIERS

- **Groenblijvend:** planten met houtige stammen die het hele jaar blad dragen. (Sommige overblijvende planten met zachte stengels, zoals de kerstroos, *Helleborus niger*, zijn ook groenblijvend). Ze verliezen hun bladeren wel, zij het met een paar tegelijk over een lange periode, zodat het nooit opvalt. Meestal verkleurt hun blad niet, hoewel *Cryptomeria japonica* prachtig rood wordt in de herfst.
- **Half-groenblijvend:** planten die hun blad in zachte winters meestal behouden, maar het in strenge winters verliezen.
- **Bladverliezend:** planten met meestal houtige stammen, waarvan de bladeren hun groene kleur verliezen om oranje, rood of bruin te worden voor ze aan het eind van het groeiseizoen, meestal de herfst, vallen. De meeste overblijvende planten, zoals ridderspoor en pioen, zijn ook bladverliezend.

en andere, zoals de leylandcipres (x *Cupressocyparis leylandii*), snel te groot worden voor hun plek. Kijk altijd wat er op het label staat voordat u tot kopen overgaat en vraag bij twijfel om advies. Veel breedbladige groenblijvende planten, zoals de laurierkers en de hulst, kunnen groot worden, maar blijven klein bij regelmatig snoeien.

Prachtig bladerdek

De overkoepelende term groenblijvend omvat ook soorten die geen groen, maar bont wit, geel, oranje, rood, bordeauxrood, zilverblauw, blauwgrijs en bijna zwart blad hebben. Omdat kleurrijke groenblijvers steeds populairder worden, komen kwekerijen voortdurend met verbluffende nieuwe variëteiten zoals de tamelijk recentelijk ontwikkelde lichtgele *Choisya ternata* 'Sundance'.

Bontbladige groenblijvers fleuren elke tuin op en zijn vooral effectief in de schaduw. De kleurtekening van het blad

David Squire

Groenblijvende planten kunnen om een aantal redenen gekozen worden – de kleur van hun blad, de vorm, de bessen of hun schors. Deze Daboecia contabrica *'Alba' (links) is een heidesoort en wordt gekweekt om zijn mooie, klokvormige, witte bloemen, die vanaf de late lente tot halverwege de herfst blijven zitten.* Ilex aquifolium *'Bacciflava' (rechts) is een gewone hulst, die wordt gekweekt om zijn prachtige rode bessen. Als u bessen wilt, hebt u een mannelijke en een vrouwelijke plant nodig. Deze variëteit gaat gebuld in dichte trossen levendige, gele bessen.*

Photos Horticultural

bestaat meestal uit gele of witte strepen, randen of bladschijven, maar sommige soorten, zoals *Ajuga* 'Regenboog', zijn echt meerkleurig.

Veel groenblijvende planten, zoals sommige heidesoorten en de conifeer *Cryptomeria japonica*, hebben bladeren die in de herfst prachtig rood of roodbruin worden en tot aan de lente kleurrijk blijven. Andere, zoals pieris, hebben lenteblad in aantrekkelijke, contrasterende kleuren. Groenblijvend kon ook grijsblijvend betekenen, zoals bij *Senecio* 'Sunshine' het geval is, die in de winter even mooi is als in de zomer.

Groenblijvend blad kan fijn en kantachtig zijn (wijnruit), zwaardvormig (Nieuwzeelands vlas) en groot en handvormig (fatsia). Sommige groenblijvende bladeren glanzen en weerkaatsen het licht, terwijl andere, zoals *Viburnum rhytidophyllum*, mat zijn en fluweelachtig. Door te variëren in bladkleur, vorm, grootte en textuur, houdt u uw

PROJECT EEN GROENBLIJVEND TRIO

Om een schaduwrijk hoekje te verlevendigen, plant u een paar gele en groene klimopplanten zonder steunstokken 1 m van elkaar op 30 cm afstand van de muur. Plant bontbladige *Aucuba japonica* op 60 cm van de hoek en een halve cirkel roze bosjes *Bergenia cordifolia* ervoor.

Neil Holmes

tuin interessanter. Camelia's en rododendron, twee van de populairste bloeiende heesters, zijn groenblijvers met een enorm scala van bloemkleuren. Hun bloeiseizoen strekt zich uit van de late herfst tot de vroege zomer. Andere geliefkoosde bloeiende soorten zijn de Amerikaanse sering (*Ceanothus*) met helderblauwe bloemen; escallonia en zuurbes, beide heel geschikt voor een wilde haag. Er zijn zelfs groenblijvende klimrozen.

Onvergankelijke geur

Naast de geur van bloemen, bijvoorbeeld de heerlijke citroengeur van groenblijvende magnolia's, hebben sommige groenblijvers ook aromatisch blad, zoals tijm en rozemarijn. De populairste bessestruiken zijn ook groenblijvend: hulst, cotoneaster en vuurdoorn. Hun bessen kunnen wit, geel, oranje of zwart zijn; *Pernettya mucronata*, een winterharde groenblijver, heeft grote knikkerachtige, witte, roze of paarse bessen.

Ten slotte heeft een aantal struiken heldergroene takken, die een sfeer oproepen van bestendigheid en fraai contrasteren met de ronde vorm van de bladeren, hoewel ze technisch gesproken groenblijvend zijn, zoals brem en winterjasmijn.

Mengvormen

U kunt een mooie tuin maken door uitsluitend groenblijvers toe te passen, zoals heide, dwergconiferen of rododendrons. Of u kunt een combinatie van heesters nemen – camelia's, hulst, zuurbessen en laurier. Als u dat te beperkt vindt, voeg dan seizoenkleuren toe – eenjarigen zoals tulpen, narcissen en hyacinthen; tweejarigen zoals vergeet-me-nietjes; muurbloemen en zomerplanten zoals petunia's en lobelia's.

Groenblijvers geven structuur aan een bloembed of border. U kunt ze in potten, kuipen, hangmanden en bloembakken zetten om die interessant te houden als de kort levende bloemen dood zijn.

Of laat genoeg ruimte open tussen groenblijvende struiken en vul die op met eenjarige planten.

Als u de voordelen wilt van groenblijvende planten, maar nog geen afscheid kunt nemen van uw bloeiende kers en uw sering, voer dan het aantal groenblijvers langzaam op: als oude planten sterven, vervangt u ze door groenblijvende.

Zo creëert u een uitgebalanceerde bladrijke tuin die weinig onderhoud vraagt.

Marshall Cavendish

De Camellia reticulata *(boven) heeft fijngevormde, roze bloemen die van februari tot april bloeien. De heester wordt 3-4,5 m hoog.*

Een groenblijvende border is zorgvuldig beplant met het oog op het ontwerp (links). Er staan bodembedekkers, koepelvormige planten en traditionele coniferen, beide voor kleur en bessen om de winter op te fleuren.

Harry Smith

Deze roze pernettya wordt gekweekt om zijn roze bessen. Dit exemplaar (onder) is een blikvanger voor elke groenblijvende tuin.

Register

Cursieve paginacijfers verwijzen naar de illustraties.

Fotoverantwoording

ANDREW LAWSON *36, 76*
COLLECTIONS *26, 31, 73, 81*
DAVID SQUIRE *7, 8, 12, 90, 91, 92*
DEREK GOULD *25, 29, 30, 34, 38, 46, 47, 53, 54, 62, 64, 84, 90*
DON WILDRIDGE *15, 19*
ERIC CRICHTON *7, 11, 21, 23, 27, 37, 43, 51, 58, 60, 73, 77, 86, 89*
GARDEN PICTURE LIBRARY *6, 12, 29, 37, 39, 41, 51, 52, 61, 68, 74, 78, 79, 82, 87*
GILLIAN BECKETT *25, 27, 30, 33, 63, 83, 87*
HARRY SMITH COLLECTION *10, 13, 14, 15, 22, 24, 27, 35, 36, 49, 53, 56, 57, 58, 60, 62, 71, 79, 82, 88, 90, 93*
INSIGHT PICTURE LIBRARY *22*
MARSHALL CAVENDISH *70, 93*
MICHAEL SHOEBRIDGE *74*
NEIL HOLMES *23, 72, 73, 88, 92*
PAT BRINDLEY *9, 10, 28, 31, 66*
PETER MCHOY *48, 62*
PHOTOS HORTICULTURAL *8, 9, 14, 18, 20, 28, 35, 38, 40, 41, 42, 43, 47, 49, 50, 53, 54, 55, 56, 57, 59, 67, 68, 69, 72, 74, 75, 77, 78, 80, 83, 92*
S & O MATHEWS *10, 11, 18, 20, 33, 75, 84, 85, 88*
TANIA MIDGLEY *8, 34, 48, 65, 70*